T0271326

Printed in the United States
By Bookmasters

تكنولوجيا الاتصال والإعلام الحديثة
الاستخدام و التأثير

تأليف الأساتذة:

أ/ محمد الفاتح حمدي

أ/ ياسين قرناني

أ/ مسعود بوسعدية

مراجعة:

الأستاذ الدكتور: فضيل دليو

الدكتورة: فضة عباسي بصلي

الطبعة الأولى: محرم 1432ه //جانفي2011 م

الطبعة الأولى

2011-1432

- العنوان: تكنولجيا الاتصال والاعلام الحديثة
الاستخدام والتأثير

* المؤلفون: محمد فاتح حمدي، مسعود بوسعدية، يامن قرناني

رقم الإيداع القانوني: 2010-4776

يصدر عن مؤسسة الحكمة للنشر والتوزيع

العنوان: حي الشمس الضاحكة عمارة لله اللـه الأبهار- الجزائر

الهاتف فاكس021.79.96.21 الجوال 213.0770300866

Elhikma_enslsh@yahoo.fr

المؤلف في سطور:

محمد الفاتح حمدي من مواليد 02 مارس 1982 بمدينة جيجل، تحصل على شهادة الليسانس من جامعة باجي مختار – عنابة- في تخصص السمعي البصري سنة 2007 وبعدها تحصل على شهادة الماجستير في الدعوة والإعلام من جامعة الحاج لخضر –باتنة- كلية الشريعة، سنة 2009، وتحصل بعدها على شهادة ماجستير ثانية في العلاقات العامة والاتصال والإعلام سنة 2010 من جامعة باتنة، كلية الحقوق. ويحضر حاليا لشهادة الدكتوراه بجامعة الحاج لخضر-باتنة-، مهتم في أبحاثه و دراسته بتكنولوجيا الاتصال والإعلام الحديثة وانعكاساتها على المجتمعات العربية والإسلامية، يعمل حاليا أستاذ مساعد بجامعة جيجل قسم علوم الإعلام والاتصال، و مراسل مجلة كنوز الحكمة على مستوى جامعات الشرق الجزائري.

للتواصل و التفاعل معنا : hamdifatah@yahoo.fr
Hamdifateh18@gmail.com

المؤلف في سطور

ياسين قرناني من مواليد 1975/12/07 بعموشة – سطيف– الجزائر، تحصل على شهادة الليسانس من جامعة الأمير عبد القادر تخصص دعوة و إعلام سنة 1998 وبعدها تحصل على شهادة الماجستير في الدعوة و الإعلام من جامعة الحاج لخضر –باتنة- كلية الشريعة، سنة 2009، و يحضر حاليا لشهادة الدكتوراه بجامعة باجي مختار عنابة، مهتم في أبحاثه ودراسته بوسائط الاتصال و الإعلام واستخداماتها، يعمل حاليا أستاذ مساعد بجامعة سطيف قسم علوم الإعلام والاتصال.

للتواصل معنا: yassinekernanie@yahoo.fr

المؤلف في سطور

مسعود بوسعدية من مواليد 1971/12/12 بتاكسنة –جيجل– الجزائر، تحصل على شهادة الليسانس من جامعة الأمير عبد القادر، وبعدها تحصل على شهادة الماجستير في الدعوة والإعلام من جامعة الحاج لخضر –باتنة-، ويحضر حاليا لشهادة الدكتوراه بجامعة باجي مختار عنابة، مهتم في أبحاثه و دراسته بظاهرة العنف في وسائط الاتصال و الإعلام، يعمل حاليا أستاذا بجامعة جيجل قسم اللغة العربية. البريد الإلكتروني: **للتواصل معنا**messaoud2020@yahoo.fr

يقول الله عز وجل في محكم تنزيله:

"ومن يؤت الحكمة فقد أوتى خيرا كثيرا"

"البقرة 269"

إهــــــداء خاص

إلى من ربط طاعته عز وجل بطاعتهما إلى الوالدين الكريمين

إلى قدوتنا في الحياة :

الأستاذ الدكتور: عبد الرزاق حمدي

إلى كل طلبة العلم والمعرفة.

- نهدي عملنا هذا.....

الأساتذة : محمد الفاتح حمدي// ياسين قرناني// مسعود بوسعدية

تمهيد:

شهدت المجتمعات الإنسانية في تطورها عبر العصور عدة مراحل، ولكن لكل عصر مميزاته وخصائصه التي تميزه عن بقية العصور السابقة أو اللاحقة، فإذا "كان عصر البرونز وعصر البخار وعصر الذرة و عصر الثورة الزراعية، ثم عصر الثورة الصناعية هي أكبر الاكتشافات تأثيرا في حياة البشر، فإن العصر الذي نعيش فيه اليوم يستحق بامتياز تسميته عصر تكنولوجيا الاتصال والمعلوماتية"، حيث أصبح العالم مجرد قرية كونية صغيرة محدودة المعالم والأبعاد، فلم يعد للسيادة الوطنية مكانة في ظل هذا التطور الرهيب في مجال الوسائط التكنولوجية الحديثة، فأصبحت رسالة واحدة نشاهدها في وقت واحد عبر كامل القارات الخمس، وعندما تحدث **(ماك لوهان)** عن القرية الكونية ودور تكنولوجيا الاتصال والإعلام في تشكيلها كان ينظر إلى الرسالة الاتصالية على أنها موجهة للجماهير كافة بمختلف أجناسهم وثقافاتهم، ولكن ما يحدث اليوم في ظل هذه القرية هو عملية تفتيت الجماهير واحترام الرغبات والاحتياجات الشخصية فلم تعد رسالة واحدة صالحة للجميع، و إنما ما يعد مفيدا و صالحا لهذه الجماعة قد يكون عكس ذلك عند جماعة أخرى، وهذا يدل على التطور الكبير في مجال تكنولوجيا الاتصال والإعلام، والتي جعلت من هذه القرية الكونية (المعلوماتية) بناية واحدة أو عمارة واحدة تتكون من مجموعة من الغرف كل واحد منها ينزوي في غرفته يتفاعل مع العالم الخارجي و لكنه منعزل عنك في المكان نفسه الذي تتواجد معه، و هذا على حد قول العالم الإيطالي" **تشارلز كولي**" ولهذا سوف نسلط الضوء في البداية على تطور تكنولوجيا الاتصال و الإعلام الحديثة التي قيل فيها "أن الخيالات العلمية قد استغرقت عشرات وأحيانا مئات السنين لتتحقق

سابقا، فنحن اليوم لا نكاد نفيق من الحلم حتى نجد الواقع قد سبق الخيال بفعل الوسائط الاتصالية والإعلامية الحديثة".[1]

تعد تكنولوجيا الاتصال والإعلام مجموعة من التقنيات أو الأدوات أو الوسائل أو النظم المختلفة التي يتم توظيفها لمعالجة المضمون أو المحتوى الذي يراد توصيله من خلال عملية الاتصال الجماهيري، كما يتم عن طريق هذه الوسائط جمع المعلومات و البيانات المسموعة أو المكتوبة أو المصورة أو المسموعة المرئية أو المطبوعة الرقمية، ثم تخزين هذه البيانات و المعلومات ثم استرجاعها في الوقت المناسب ثم عملية نشر هذه المواد الاتصالية أو الرسائل والمضامين المسموعة أو المسموعة المرئية أو الرقمية، ونقلها من مكان إلى آخر وتبادلها.

أولا: تطور تكنولوجيا الاتصال والإعلام وخصائصها

1- مفهوم تكنولوجيا الاتصال والإعلام:

■ **تكنولوجيا:**

أ- لغة: لفظ "تكنولوجيا"مصطلح يوناني الأصل (Technologie) و هي مشتقة من كلمتين "Teck Ne" و تعني "تقنية أو فن" و كلمة logis أو Ligos" تعني **علم + دراسة**، وعلى هذا الأساس تشير التكنولوجيا إلى الدراسة الرشيدة للفنون ويرى الأستاذ(Littre) في قاموسه الصادر سنة 1876،"إن اصطلاح التكنولوجيا تعني تفسير الألفاظ الخاصة للفنون و المهن العديدة".[2]

ب- اصطلاحا:

هي مجموعة من النظم والقواعد التطبيقية وأساليب العمل التي تستقر لتطبيق المعطيات المستخدمة لبحوث ودراسات مبتكرة في مجال الإنتاج والخدمات كونها التطبيق المنظم للمعرفة والخبرات المكتبية والتي تمثل مجموعة الرسائل والأساليب الفنية التي يستخدمها الإنسان في مختلف نواحي حياته العلمية وبالتالي فهي مركب قوامه المعدات والمعرفة الإنسانية.[3]

- أما المفهوم الحديث للتكنولوجيا فيشمل الإبداع والخلق بالإضافة إلى الاقتباس والاستيعاب، فالتكنولوجيا عبارة عن جميع الاختراعات والإبداعات اللازمة لعملية التطور الاقتصادي والاجتماعي، و التي تتم من خلال مراحل النمو المختلفة.[4]

- يعرفها"**سمير عبده**" بأنها الأدوات والوسائل التي تستخدم لأغراض عملية تطبيقية، و التي يستعين بها الإنسان في عمله لإكمال قواه

- وقدراته وتلبية تلك الحاجيات، التي تظهر في إطار ظروفه الاجتماعية ومراحله التاريخية.[(5)]

ب- مفهوم الاتصال"Communication": هو العملية أو الطريقة التي يتم عن طريقها انتقال المعرفة من شخص إلى آخر حتى تصبح مشاعا بينهما وتؤدي إلى التفاهم بين هذين الشخصين أو أكثر، وبذلك يصبح لهذه العملية عناصر ومكونات واتجاه تسير فيه واتجاه تسعى إلى تحقيقه ومجال تعمل فيه ويؤثر فيها.[(6)]

ج- مفهوم الإعلام (L'information): تلك العملية التي يترتب عنها نشر الأخبار والمعلومات الدقيقة التي ترتكز على الصدق و الصراحة ومخاطبة عقول الجماهير وعواطفهم السامية، والارتقاء بمستوى الرأي، و يقوم الإعلام على التنوير والتثقيف، مستخدما أسلوب الشرح و التفسير والجدل المنطقي.[(7)]

د- تكنولوجيا الاتصال والإعلام: هي مجموعة من التقنيات والأدوات أو الوسائل أو النظم المختلفة التي يتم توظيفها لمعالجة المضمون أو المحتوى الإعلامي والاتصالي- الـذي يراد توصيله من خـلال عمـلية الاتصال الجماهيري أو الشخصي أو الجمعي أو التنظيمي أو الوسطي، أو التي يتم من خلالها جمع المعلومات والبيانات المسموعة أو المكتوبة أو المصورة، المرسومة أو الرقمية من خلال الحاسبات الالكترونية أو الكهربائية حسب مرحلة التطور التاريخي لوسائل الاتصال والمجالات التي يشملها هذا التطور.

كما تعرف على أنها مجموعة من الآلات أو الأجهزة أو الوسائل التي تساعد على إنتاج المعلومات وتوزيعها واسترجاعها وعرضها.[(8)]

هـ- المفهوم الإجرائي لتكنولوجيا الاتصال والإعلام الحديثة:

تكنولوجيا الاتصال والإعلام هي تلك الوسائل والأدوات التي ظهرت إلى الوجود و إلى حياة المجتمعات الإنسانية نتيجة التطورات الحاصلة في ميدان الاتصال والإعلام، وهذا نتيجة زيادة حاجيات الإنسان و متطلباته اليومية، فنحن نعيش كل دقيقة وكل ثانية مبتكرات جديدة و في جل الميادين، و نركز هنا على ميدان الاتصال والإعلام الذي أصبح التسابق فيه محتدم إلى درجة كبيرة جدا بين الشركات الاتصالية والإعلامية و هذا بحثا عن الجديد والأفضل للإنسان.

فرغم ظهور الإذاعة و التلفزيون والفيديو و الأقمار الصناعية والإنترنيت والهاتف، إلا أن هذه الوسائط دائما في تطور مستمر سواء من حيث الوسيلة أو من حيث طريقة إيصال الرسالة الاتصالية وصياغتها، و لكن هذا التطور الرهيب في ميدان تكنولوجيا الاتصال والإعلام الحديثة، لا يعبأ بانتقاداتنا وتفنيدنا لسلبياته، و إنما هو في تطور سريع، لا يراعي القيم والثقافات السائدة في المجتمعات الإنسانية، و إنما الهدف من هذه التكنولوجيا هو البحث عن الربح وتحقيق رفاهية الإنسان على حد قول أصحاب هذه المؤسسات، ومن خلال هذا الكتاب سوف نركز على أكثر وسائط الاتصال والإعلام الحديثة الناتجة عن تطور تكنولوجيا الاتصال والإعلام، استخداما وتوظيفا من قبل الإنسان في حياته اليومية، وهي البث الفضائي أو القنوات التليفزيونية الفضائية كظاهرة ناتجة عن ظهور الأقمار الصناعية و الألياف الضوئية، أيضا التليفزيون الرقمي و الحوسبة و شبكة الأنترنت والهواتف المحمولة والفيديو الرقمي...الخ، و تركيزنا على هذه الوسائط لأنها تعد من أكثر الوسائط الاتصالية والإعلامية استخداما من قبل

الأفراد في المجتمع الجزائري على العموم، كما أنها تعد الأكثر تداولا اليوم بين الأفراد.

2- تطور تكنولوجيا الاتصال والإعلام وخصائصها:

- تطور تكنولوجيا الاتصال والإعلام الحديثة:

شـهد عـام (1824) اكتشـاف العـالم الإنجليـزي " ولـيم سـتجرون Sturgon" الموجات الكهرومغناطيسية و استطاع " صمويل مورس Morse" اختراع التلغراف عام (1837) و ابتكر طريقة للكتابة تعتمد عـلى استخدام "النقط والشرط" و قد تـم مـد خطوط التلغراف السـلكية عـبر كـل أوروبـا وأمريكا و الهند خلال القرن التاسع عشر، وعد التلغـراف فيمـا بعـد مـن بـين العنـاصر الهامـة في تكنولوجيـا الاتصـال التـي أدت في النهايـة إلى وسـائل إلكترونية". [9]

وفي عام (1876) استطاع " جراهام بيل" أن يخترع التليفون لنقل الصوت إلى مسافات بعيدة مستخدما تكنولوجيا التلغراف، أي سريان التيار الكهربائي في الأسلاك النحاسية مستبدلا مطرقة التلغراف بشريحة رقيقة من المعدن تهتز حين تصطدم بها الموجات الصوتية، وتحول الصوت إلى تيار كهربائي يسري في الأسلاك، وتقوم سماعة التليفون بتحويل هذه الذبذبات الكهربائية إلى إشارات صوتية تحاكي الصوت الأصلي.

وفي عام (1877) اخترع توماس إديسون (Edison) جهاز الفونوغراف ثم تمكن العالم الألماني " إميل برلنجر Berlinger" في عام (1887) من ابتكار القرص المسطح "Flat Disk" الذي يستخدم في تسجيل الصوت، وفي عام (1895) شاهد الجمهور الفرنسي أول العروض السينمائية ثم أصبحت السينما ناطقة منذ عام (1928) [10].

وفي عام (1896) استطاع العالم الإيطالي " جوجليمو ماركوني Marconi" من اختراع اللاسلكي، وكانت تلك هي المرة الأولى التي ينتقل

فيها الصوت إلى مسافات بعيدة بدون استخدام أسلاك، و كان الألمان والكنديون أول من بدأ في توجيه خدمات الإذاعة الصوتية المنتظمة منذ عام (1919)، كذلك بدأت تجارب التليفزيون في الولايات المتحدة منذ أواخر العشرينيات مستفيدة مما سبقها من دراسات وتجارب في مجال الكهرباء والتصوير الفوتوغرافي، والاتصالات السلكية واللاسلكية، وفي أول يونيو (1941) بدأت خدمات التليفزيون التجاري في الولايات المتحدة.[11]

و خلال القرن العشرين اكتسبت وسائل الاتصال الجماهيرية أهمية كبيرة وخاصة (برامج التليفزيون) الوسائل الإلكترونية، باعتبارها قنوات أساسية لنقل الأخبار والمعلومات، وأصبحت برامج التليفزيون تعكس قيم المجتمع و ثقافته وأنماط معيشته وعكست برامج الراديو اهتمامات الناس وقضاياهم الحالية، مع ظهور ونجاح الصحافة الجماهيرية التي اكتمل نموها في النصف الأول من القرن العشرين، فقد شهد القرن التاسع عشر ظهور عدد كبير من وسائل الاتصال (التلغراف، التلفون، الفونوغراف، ثم التصوير الفوتوغرافي فالفيلم السينمائي، ثم الإذاعة المرئية (التلفزيون).[12]

و هذا استجابة لعلاج بعض المشكلات الناجمة عن الثورة الصناعية، فقد أحدثت هذه المرحلة ثورة في نظم الاتصال وحولت العالم إلى قرية كونية عالمية إلكترونية يعرف الفرد فيها بالصوت والصورة والكلمة المطبوعة، كل ما يحدث حين وقوعه، إلا أن هذا الانفجار المعلوماتي جعل الإنسان العادي يعجز عن متابعة ما يحدث في العالم على مستوى الأحداث اليومية أو على مستوى التخصص العلمي والمهني، وأصبحت وسائل الاتصال الإلكترونية وفق هذا المفهوم، النافذة السحرية التي نرى من خلالها أنفسنا.[13]

شهد النصف الثاني من القرن العشرين أشكالا لتكنولوجيا الاتصال والإعلام والمعلومات ما يتضاءل أمامه كل ما تحقق في عدة قرون سابقة، ولعل أبرز مظاهر تلك التكنولوجيا هو امتزاج ثلاث ثورات مع بعضها البعض شكلت ما يسمى بالثورة التكنولوجية أو الرقمية وهي ثورة المعلومات المتمثلة في انفجار ضخم في المعرفة وكمية هائلة من المعارف المتعددة و الأشكال و التخصصات و اللغات، و ثورة الاتصال وتتجسد في تطور تكنولوجيا الاتصال والإعلام الحديثة بدءا بالاتصالات السلكية مرورا بالتليفزيون وانتهاء بالأقمار الصناعية والألياف الضوئية، وثورة الحاسبات الإلكترونية التي امتدت إلى كافة جوانب الحياة وامتزجت بكافة وسائل الاتصال، وقد أطلق على هذه المرحلة عدة تسميات أبرزها مرحلة الاتصال المتعدد الوسائط (Multimédia) ومرحلة التكنولوجيا الاتصالية التفاعلية (Interactive) ومرحلة الوسائط المهجنة (Hypermédfia) و مرتكزاتها الأساسية هي الحاسبات الإلكترونية في جيلها الخامس الذي يتضمن أنظمة الذكاء الاصطناعي والألياف الضوئية وأشعة الليزر والأقمار الصناعية [14]، و تميزت التكنولوجيا الجديدة للاتصال والإعلام والمعلومات (الحاسبات الإلكترونية، الاتصالات الفضائية و إمكانية الاتصال المباشر بقواعد البيانات، انتشار التليفزيون الكابلي التفاعلي والرقمي، و خدمات الفيديوتكس، و التيلتكست، الفيديوديسك الرقمي، نظم الليزر، الميكروويف، الألياف الضوئية، الاتصالات الرقمية، خدمات الهاتف المحمول، البريد الإلكتروني، عقد المؤتمرات عن بعد) بجملة من الخصائص والسمات نذكرها في العناصر المقبلة.

3- خصائص وسمات تكنولوجيا الاتصال والإعلام الحديثة:

تعمل تكنولوجيا الاتصال والإعلام الحديثة على الحصول على المعلومات الرقمية والمكتوبة واللاسلكية والصوتية ومعالجتها وتخزينها و نشرها بواسطة مجموعة من الأجهزة الإلكترونية و الاتصالات السلكية

واللاسلكية والكمبيوتر من أقمار صناعية والحاسبات الشخصية وأجهزة التليفزيون و الفيديوتكس و التليتكست والكابلات المحورية والألياف الضوئية و أقراص الفيديو بأنواعها والبريد الإلكتروني، وشبكة الانترنت والهواتف المحمولة.

و بما أن هذه التكنولوجيات الحديثة اكتشافها وتطورها يكون دائمًا في صالح الإنسان الذي يساير ويتابع كل ما تطرحه عليه من جديد من أجل الاستفادة منها في حياته اليومية، وهذا ما دفعنا لمعرفة خصائص وسمات هذه الوسائط الحديثة وما يميزها عن بقية الوسائل التقليدية، وهذا ما تناوله المفكر "ألفن توفلر" في كتابه "تحول السلطة بين العنف والثورة والمعرفة" بأن هناك جملة من الخصائص تتميز بها تكنولوجيا الاتصال والإعلام الحديثة وهي:

1. التفاعلية: Interactivity

حيث يؤثر المشاركون في العملية الاتصالية على أدوار الآخرين وأفكارهم ويتبادلون معهم المعلومات ويطلق على القائمين بالاتصال لفظ مشاركين بدلا من مصادر، وقد ساهمت هذه الخاصية في ظهور نوع جديد من منتديات الاتصال والحوار الثقافي المتكامل والمتفاعل عن بعد، مما يجعل المتلقي متفاعلا مع وسائل الاتصال تفاعلا إيجابيا.

2. اللاجماهيرية: Demessification

ما يؤخذ على وسائل الاتصال الحديثة تحولها من توزيع رسائل جماهيرية إلى الميل إلى تحديد هذه الرسائل وتصنيفها لتلاءم جماعات نوعية أكثر تخصصا، وتشير الدلائل إلى أن رؤية **"مارشال ماكلوهان"** الخاصة بوحدة العالم والحياة في قرية عالمية التي حققتها نهضة وسائل الاتصال الجماهيري خلال عقد الستينات قد أصبحت في حاجة إلى إعادة

النظر في عقد التسعينات والقرن الحادي والعشرون، حيث تتجه وسائل التكنولوجيا الحديثة إلى جعل خبرات القراءة والاستماع والمشاهدة عبارة عن خبرات معزولة، لكونها خبرات مشتركة كما يرى "ماكلوهان" وبذلك نشهد سقوط العقل الجماعي، حيث تنشر وسائل الإعلام والاتصالات الجديدة التي توصف بأنها غير جماهيرية، بل إنها ذات اتجاهات فردية أو مجموعاتية.[15]

3. اللاتزامنية: (Asynchnanization)

و تعني إمكانية إرسال الرسائل واستقبالها في وقت مناسب للفرد المستخدم ولا تتطلب من كل مشارك أن يستخدم النظام في الوقت نفسه، فمثلا في نظم البريد الإلكتروني ترسل الرسالة إلى مستقبلها في أي وقت دون حاجة إلى وجود مستقبل للرسالة، أو من خلال تسخير تقنيات الاتصال الحديثة مثل الفيديو لتسجيل البرامج وتخزينها ثم مشاهدتها في الأوقات المناسبة.

4. القابلية الحركية: (Mobility)

تعني أن هناك وسائل اتصالية كثيرة يمكن لمستخدمها الاستفادة منها في الاتصال، من أي مكان، ثم نقلها إلى آخر حركته مثل الهاتف النقال والتليفون المدمج في ساعة اليد وحاسب آلي نقال مزود بطابعة، كما تعني إمكانية نقل المعلومات من مكان إلى آخر بكل يسر وسهولة.[16]

5. قابلية التحويل: (Convertibility)

وهي قدرة وسائل الاتصال على نقل المعلومات من وسيط إلى آخر، كالتقنيات التي يمكنها تحويل الرسالة المسموعة إلى رسالة مطبوعة والعكس، كما هو الحال في أنظمة التليتكست، التي تقدم خدمات ورسائل مطبوعة على شاشات التليفزيون تلبية لرغبات زبائنها التي أضحت تتميز

بالتعدد والتنوع ويبرز هذا أيضا في أنظمة الدبلجة والترجمة للمواد المرئية كما هو الحال في بعض المحطات التليفزيونية مثل (Eurosport, Euronews).[17]

6. قابلية التوصيل والتركيب: (Connectivity)

لم تعد شركات صناعة أدوات الاتصال تعمل بمعزل عن بعضها البعض فقد اندمجت أنظمة و اتخذت الأشكال والوحدات التي تصنعها الشركات المختصة في صناعة أدوات الاتصال، ومن الأمثلة الدالة على ذلك، وحدات الهوائي المقعر، التي يمكن تجميعها في موديلات مختلفة الصنع، لكنها تؤدي وظيفتها في مجال استقبال الإشارات التليفزيونية على أكمل وجه.

فهناك الهوائي القائم على الوحدات التالية: الصحن من صناعة شركة (Eston) و الديمو (المحلل) من صنع شركة (Next wave).

7. التوجه نحو التصغير:

تتجه الوسائل الجماهيرية في ظل هذه الثورة إلى وسائل صغيرة يمكنها نقلها من مكان إلى آخر، وبالشكل الذي يتلاءم وظروف مستهلك هذا العصر ـ الذي يتميز بكثرة التنقل والتحرك، عكس مستهلك العقود الماضية التي اتسمت بالسكون والثبات ومن الأمثلة عن هذه الوسائل الجديدة، تليفزيون الجيب، والهاتف النقال والحاسب النقال المزود بطابعة إلكترونية.

8. الشيوع والانتشار:

و يعني به تغلغل وسائط الاتصال حول العالم، وداخل كل طبقة اجتماعية، فتكنولوجيا الاتصال تتجه من الضخم إلى الصغير، ومن المعقد إلى البسيط ومن الأحادي إلى المتعدد مثل الكمبيوتر، الذي تميز في أجياله

الأولى بالضخامة والعمليات المحددة ليصبح فيما بعد صغيرا، وفي متناول الشرائح، ومتعدد الخدمات والوظائف وهو ما يطلق عليه اسم الكمبيوتر (Multi-Média) الذي يحتوي على شاشة إلكترونية وطابعة وفاكس وهاتف، أي مجمع صغير لمختلف عمليات الاتصال، التي كانت تؤدي في السابق في شكل مستقل، وعن طريق وحدات مستقلة عن بعضها البعض. [18]

9. التدويل أو الكونية والعالمية (Golbalization)

التطور المتسارع في هذه التكنولوجيا في اتجاه اختصار عامل المسافة و الزمن، هذا التطور بلغ من الأهمية في الحقب الأخيرة إلى حد أن أطلق البعض على الكرة الأرضية التي نعيش عليها وصف القرية العالمية، كناية عن القدرة الهائلة التي تتيحها تكنولوجيا الاتصال الحديثة في مجال نقل وتبادل المعلومات بين مختلف أجزاء العالم الآن واللحظة [19]، إنه بوجود وسائل الإعلام والاتصال لم يعد التفاعل على أرض واحدة هو الباعث الأول للتجمع بل أصبح التفاعل يتم عبر تكنولوجيا و وسائط المعلومات و الإعلام متخطيا الحدود الجغرافية عابرا فوق الحدود الوطنية. [20]

10. التعقيد وكثافة الاستخدام:

تكنولوجيا الاتصال وبالذات المتقدمة منها تتسم بكثافة استخدام رأس المال والتعقيد الشديد وارتفاع التكلفة، وهي لكل ذلك تأخذ صبغة احتكارية، حيث تتركز عادة في أيدي بناء القوة والنفوذ السائد في المجتمع.

11. الاحتكارية و سيطرة قلة قليلة عليها:

إن صناعة هذه التكنولوجيا، تتسم بالتركيز الشديد حاليا في عدد محدود من الدول الصناعية الكبرى، ومن الشركات العالمية متعددة الجنسيات، ويؤدي هذا التركيز إلى السيطرة المطلقة لهذه الشركات الاحتكارية، ليس فقط على عملية نقل وتسويق هذه التكنولوجيا في الدول الأقل تقدما ولكن أيضا في التأثير على طريقة إدارتها واستخدامها بل وصيانتها في أحيان كثيرة في هذه الدول، مما يعزز

من إحكام قبضة المجتمعات المصنعة لهذه التكنولوجيا على الدول المستوردة لها وترسيخ تبعية ثانية للأولى في المجال الثقافي. [21]

ويمكن أن نضيف أن تكنولوجيا الاتصال والإعلام أضعفت من وظيفة مراقبة البيئة للوسائل التقليدية، فلم تعد المعلومات تتدفق من أعلى إلى أسفل كما هو معروف من مؤسسات الإعلام إلى الجمهور، إذ أصبح بإمكان أي فرد أن يكون مصدر للحدث العام.

4- وظائف تكنولوجيا الاتصال الحديثة في حياة الفرد:

إن الانتشار الواسع والمتسارع في تكنولوجيا الاتصال والإعلام الحديثة في وقتنا الحاضر، أدى إلى زيادة التفاف الجماهير حولها والاستفادة مما قدمته من خدمات اتصالية وإعلامية في شتى الميادين، ومما لاشك فيه أن هذه الوظائف تختلف من وسيلة إلى أخرى ولكنها تعمل من أجل هدف واحد هو خدمة الإنسان وتسهيل طرق عيشه في البيئة الاجتماعية، وتختلف ميادين الاستفادة من هذه التكنولوجيات من ميدان إلى آخر فنجد (ميدان التعليم، التربية، الإعلان، التسلية والترفيه، التوثيق والمكتسبات)، ومن بين هذه الوظائف التي جاءت بها تكنولوجيا الاتصال والإعلام الحديثة نذكر:

1. وظيفة التوثيق: لعبت تكنولوجيا الاتصال ممثلة بالحاسوب والأقراص المضغوطة وآلات التصوير الرقمية دورا كبيرا في توثيق الإنتاج الفكري في مجال الاتصال والإعلام وذلك بتناول البحوث والدراسات الأكاديمية والتطبيقية والعملية والمعلومات المتخصصة في فروع الإعلام بتناولها لعمليات التجميع، ووضع النظم والأساليب الفنية الكفيلة باسترجاع مضمون هذا الإنتاج وتحليله من خلال فهرسته وتصنيفه، ثم الإعلام عنه ليتحقق الاستخدام الأمثل لهذا الرصيد الفكري. [22]

2. تعمل تكنولوجيا الاتصال والإعلام الحديثة على تقديم المعلومات (Information) المتعددة والمتنوعة التي تتميز بالضخامة بشكل غير

مسبوق، ذلك أن الاتصال الرقمي والانفجار المعلوماتي والمعرفي جاء نتاجا للتطور غير المسبوق في تكنولوجيا الاتصال وتكنولوجيا المعلومات الذي استفاد منه الاتصال الرقمي وساهم في تعميم الاستفادة من ثورة المعلومات وانتشارها التي غطت كل المجالات، نتيجة الخصائص التي تميزت بها تكنولوجيا الاتصال والمعلومات وأهمها سعة التخزين. [23]

3. عملت تكنولوجيا الاتصال والإعلام الجديدة على **الزيادة** في **سرعة إعداد الرسائل الإعلامية** وفي القدرات العالية من حيث تحويلها إلى أشكال مختلفة (من مطبوعة إلى مرئية ومن مرئية إلى مطبوعة) وفي القدرة على نشرها وتوزيعها وتخطي حاجزي الزمان والمكان. [24]

4. ظهور الحاسب الشخصي والتوسع في استخداماته ويتيح هذا الحاسب **قائمة ضخمة من الخدمات والمعلومات** سواء للاستخدام الشخصي ـ أو إمكانية الاستفادة من المعلومات التي تقدمها شبكات المعلومات [25]. كما يحتوي الحاسوب الآلي على كمية كبيرة من المعلومات يمكن استرجاعها بسرعة فائقة مثل برامج النشر المكتبي والصحفي وقواعد البيانات و الفاكسيميلي والبريد الإلكتروني، كما أصبحت أداة ووسيلة اتصال حيث يمكن للحاسب الآلي عبر خطوط الهاتف الاستعانة بالمعدل (Modem) والاتصال ببعضها وهو ما يطلق عليه أنظمة الحاسب الإلكتروني التي تتضمن (النصوص المتلفزة، البريد الإلكتروني، عقد الندوات عن بعد) وتبادل المعلومات والأحداث العلمية بين المراكز والمعاهد العلمية على نطاق عالمي واسع [26]. وأيضا التحكم و الاستكشاف و ذلك من خلال برامج تسمح للطلاب بإجراء التجارب، وتصميم المواقف وتحليل المتغيرات. [27]

5. بالإضافة إلى ما سبق، يستخدم الحاسب الآلي في **التعليم وانتشار الاستراتيجيات الخاصة** بتوظيف الحاسب وبرامجه في التعليم واعتماد التعليم عليه خصوصا في التعليم الفردي أو التعليم الذاتي، الذي يقوم على الاعتماد على تصميم وإنتاج البرامج التعليمية ونسخها على الأسطوانات المدمجة (CD) للاستفادة بها في التعليم الفردي والتعلم الذاتي.

6. **تجاوز قيود العزلة التي يفرضها الاتصال الرقمي**، حيث يتعامل الفرد لساعات طويلة مع الحاسب الشخصي بعيدا عن الاتصال بالآخرين في الواقع الحقيقي، حيث لا يتم الاتصال وجها لوجه و لكن من خلال المحادثات والبريد الإلكتروني والحوارات، و مع آخرين لا يعرف بعضهم البعض ولا تميزهم سمات خاصة سوى ما يفرضه هذا الواقع وحاجاته، بدءا من الصداقات الجديدة مع آخرين من ثقافات مختلفة إلى الاتصال بهذه الثقافات ذاتها والتجول خلالها بما يلبي حاجة الفرد.

7. وفي إطار الوظيفة السابقة، تنشأ ما يسمى **بالمجتمعات الافتراضية** Communités Virtual التي يجتمع أفرادها حول أهداف أخرى قد تكون غائبة في المجتمعات الحقيقية لهؤلاء الأفراد مثل مناهضة العنصرية، أو تحرير الجنس والنوع.[28]

8. قدمت تكنولوجيا الاتصال الحديثة ومن خلال الأجيال الجديدة للهاتف والفاكس **فرصة المشاركة في الندوات** خلال طرح تساؤلات أو مناقشة بعض الموضوعات، كما اتسعت دائرة التعليم المفتوح أو التعليم عن بعد التي بدأت بالجامعات، وتقديم المحاضرات من خلال الانترنت.

10. منحت أنظمة (Télé-Tax) للأجيال الجديدة من أجهزة الاستقبال، منحت الجمهور **فرصة متابعة الأخبار والأحداث** وملخصات الكتب وبرامج القنوات وأهم عناوين الصحف والمجلات المطبوعة على شاشة التليفزيون

في إطار سمة من سمات تكنولوجيا الاتصال الحديثة وهي قابلية التحويل.[29]

11. أدى امتزاج وسائل الاتصال السلكية واللاسلكية مع تكنولوجيا الحاسب الالكتروني إلى خلق عصر جديد للنشر الإلكتروني، حيث يتم طباعة الكلمات على شاشة التليفزيون، أو وسيلة العرض المتصل بالحاسب الإلكتروني لكي يتسلمه المستفيد في منزله أو مكتبه حيث يقترب مستخدمو النصوص الإلكترونية من المعلومات بالكمية والنوعية التي يرغبون فيها وفي الأوقات التي تناسبهم.

12. ظهور العديد من خدمات الاتصال الجديدة مثل الفيديوتكس و التلتكست والبريد الإلكتروني والأقراص المدمجة الصغيرة (CD) التي يمكن من خلالها تخزين مكتبة عملاقة على قمة مكتب صغير.

13. هناك اختراعات جديدة يبدو أنها ستغير من شكل التسلية المنزلية بشكل أكبر من الانقلاب الذي حدث نتيجة الانتقال من الفونوغراف إلى الراديو في النصف الأول من القرن العشرين ومن ذلك (الفيديو كاسيت، أقراص الفيديو، ألعاب الفيديو، الفيديو الرقمي DVD).[30]

14. بجانب **المواقع الإعلامية المعروفة على شبكة الانترنت**، تقوم الآلاف أو مئات الآلاف من المواقع الأخرى التي تقدم الخدمة الإعلامية، حول الوقائع والأحداث التي تتم في بقاع كثيرة من العالم وكتابة التقارير الإخبارية والتعليقات عليها في إطار الخدمة الإعلامية المتكاملة تراها هذه المواقع.[31]

15. **ظهور التكنولوجيا الجديدة في مجال الخدمة التليفزيونية**، مثل خدمات التليفزيون التفاعلي عن طريق الكابل، ويقدم خدمات متعددة، ويتيح التليفزيون الكابلي العديد من القنوات التليفزيونية، كذلك (حققت الإذاعة المباشرة عبر الأقمار الصناعية) قدرا هائلا من المعلومات والترفيه لمشاهدي المنازل مباشرة، وحدثت

تطورات كبيرة في جودة الصورة التليفزيونية من خلال ما يعرف بالتليفزيون عالي الدقة.[32]

16. وظيفة الإعلان والتسويق والدعاية والدعوة: أصبح لها صدى كبير لدى المعلنين والدعاة وخصوصا بالنسبة للمواقع التي تحقق نسبة أكبر في الاستخدام والدخول عليها.[33]

5 - مخاطر وسلبيات تكنولوجيا الاتصال والإعلام الحديثة:

إن التضافر والاندماج بين تكنولوجيا المعلومات والوسائط الإعلامية والاتصالية يهب المعرفة والمعلومات قدرات وإمكانات غير محدودة على اختراق الحدود والزمن وكل ذلك غير سواء شئنا أم أبينا، وسيغير بسرعة غير مسبوقة اقتصادنا وسياستنا وتربيتنا وقيمنا و أخلاقنا على نحو من الأنحاء، و حتى أكثر النساك زهدا في الحياة الدنيا سيجد نفسه معرضا لوسوسة شيطان المعارف والتكنولوجيا الجديدة وحين يكون لابد لنا إلا أن نستخدم ونستهلك ونتلقى منتجات هذه الثورة فنحن معرضون ومكشوفون بالضرورة لعواقبها الأخلاقية والثقافية والسياسية السلبية منها والإيجابية، فهي وسائط وقنوات تصب في حياتنا اليومية وتلح على عقولنا وتتحدانا كي نعيد النظر في تربيتنا وفي سلوكنا وفي منظوماتنا السياسية والاقتصادية والثقافية في كلا المستويين الفردي والاجتماعي.[34]

قبل البداية في الحديث عن سلبيات ومخاطر تكنولوجيا الاتصال و الإعلام، لا بأس أن أضيف بعض إيجابيات هذه التكنولوجيات في حياة الفرد، بحيث نجد أن هذه التكنولوجيا تحتاج إلى ذكاء مستخدميها بدلا من عضلاتهم، فهي تقدم العون للبشر من خلال توفيرها قدرا أكبر من التسهيل في تخزين المعلومات و تراكمها و نقلها، بإمكاننا من خلالها أن ندير الأعمال و ندرس العالم ونستكشف ثقافاته المغايرة ونختار أصدقاء جدد يماثلوننا في اهتماماتهم، بل ربما نفكر في تكوين جمعيات من مختلف

الأنواع بسرعة غير مسبوقة، وستتكون بهذه الوسائط سوق معلومات كونية هائلة، توفر لنا خيارات أوسع فيما يتعلق بجميع الأشياء والعلاقات، من الخدمات والربح الاقتصادي إلى الأفكار والنظريات والقيم الإنسانية، بما يوسع إمكاناتنا الإنسانية والمادية، ويفتح إحساسنا بالهوية، و بالآخر و يحررنا من التقوقع والتركز حول الذات بما قد تتيحه لنا من اتصال بثقافة الآخر والتعامل معها.

إن الوسائط الاتصالية والإعلامية توفر اليوم الذكاء العملياتي لأقل العقول توافقا وهي في سبيلها لإلغاء الفروق الجسدية بين المعوقين والأصحاء، وتنجز اليوم إلغاء الفروق العمالة على الأقل بين الذكور والإناث. [35]

إن تكنولوجيا الاتصال والإعلام الحديثة، قد حققت فتحا جديدا في عالم الاقتصاد، فيما يطلق عليه اليوم الاقتصاد الجديد، وهو الذي يقصد به تلك القطاعات الجديدة العاملة في مجال التكنولوجيا الدقيقة والمعلوماتية والاتصالات، والتي تشكلت في العقد الأخير واكتسحت أسهمها الأسواق المالية بسرعة، مخلفة وراءها الشركات العريقة للقطاع الصناعي التقليدي.

فإذا كانت تكنولوجيا الاتصال والإعلام، بإمكانها أن تغير مواقف الأفراد اتجاه الحياة الاقتصادية، قد تغير أيضا نمط التنمية والإصلاحات الاقتصادية التي تنتهجها الحكومة وقد تساعد على تخطي مراحل بأكملها في عملية التنمية.

و من إيجابيات هذه الثورة التكنولوجية، توسيع نطاق توزيع المعلومات، تخفيف الضغط على المناطق الحضرية من خلال تمكين الأفراد من العمل في المنزل أو من مكاتب بعيدة فرص جديدة فيما يتعلق بالعمل و التعليم والتجارة والترفيه. [36]

- **سلبيات ومخاطر تكنولوجيا الاتصال والإعلام:**

لاحظنا عندما تحدثنا عن وظائف وإيجابيات تكنولوجيا الاتصال والإعلام الحديثة، يمكن أن تكون على قدر كبير من الموضوعية والوضوح ليسهل الاتفاق بشأنها، أما السلبيات فهي أكثر تعقيدا وأقل رسوخا و بالتالي اتفاقا، إذ أنها في الغالب تتصل بأخلاقنا وقيمنا الراسخة وبإيديولوجياتنا، ومواقعنا وأنظمتنا الاجتماعية والسياسية وتستفزها. ومن هذه السلبيات والمخاطر نجد:

1. **حدوث الفجوة المعرفية** بين الدول المالكة لهذه التكنولوجيا والدول المستوردة لها مثلما يحدث اليوم بين الدول الأوروبية والدول العربية، فإن لم تسارع الدول العربية إلى المشاركة في هذه الثورة التكنولوجية الاتصالية والإعلامية الجديدة، فإن هناك خطر احتمال زيادة تهميشها وزيادة احتمالات حدوث العزلة الثقافية والدينية والعرقية التي يمكن أن تؤدي إلى صراعات محلية وإقليمية.

2. اندماج تكنولوجيا الاتصال والإعلام والمعلومات في منظومة واحدة، هو أحد الأدوات الرئيسية للعولمة الراهنة بأبعادها الاقتصادية والسياسية و الثقافية، و أيا كان رأينا تأييدا و قبولا، أو نقدا واعتراضا، فإن ذلك لا يغير في الأمر شيئا، وهذا ما يجعل الناس في مختلف أنحاء العالم لا يتنفسون هواء جماعيا عالميا إلى درجة كبيرة.[37]

3. إن خطورة تكنولوجيا الاتصال والإعلام الحديثة تتجسد من خلال تفكيك الثقافات والغزو الثقافي والتلويث الثقافي وإفساد الثقافات الوطنية، ومسائل الهوية الثقافية، لأنه وبكل بساطة أن هذه التكنولوجيات الحديثة لا تعبأ بانتقاداتنا وأخلاقياتنا، ولا تنتظر حتى نكمل تأقلمنا ونقدنا وتفنيدنا لسلبياتها، بل هي تتقدم دون أن تنتظر أن نصبح متهيئين لمعانقتها.

و الثابت أن تكنولوجيا الاتصال الحديثة هي نتاج ثقافي غربي ظهرت لتلبي حاجات موضوعية لصيقة ببنيان وثقافة هذه المجتمعات، و لم تراع ما هو موجود في مجتمعاتنا من أعراف وتقاليد ومبادئ وقيم جاء بها الدين الإسلامي، وهذا ما جعلها تشكل خطرا كبيرا على هذه المقومات.

4. كل مؤشرات تطور تكنولوجيا الإعلام والاتصال الحديثة تشير إلى انعدام أو وشوك انعدام قدرة أي جهة أو سلطة على المنع أو على التحكم بسيل المعلومات المتدفق، بدءا من الحكومات وأجهزة المخابرات، وانتهاءا برجل الدين ورب الأسرة [38]، وهذا ما يعود بالخطورة على أولادنا و ثقافتنا و تقاليدنا و عاداتنا و قيمنا الاجتماعية و الثقافية و الدينية، لأن هذه الوسائط الاتصالية والإعلامية تحمل في طياتها حجم كبير من المعلومات والصور والبيانات التي تعمل على تحطيم أخلاق ومبادئ شبابنا وأطفالنا من دون علم ومن دون رقابة، مادامت هذه المعلومات والصور غير مراقبة من جهات مسؤولة.

5. لقد ساهمت هذه التكنولوجيا الحديثة في مجال الإعلام والاتصال الوافدة في الانحدار باللغة العربية الفصحى، لغة القرآن الكريم، بحجة البساطة في فهم الرسالة وزرعت هذه التكنولوجيا العديد من المصطلحات التي أصبحت تروج في الأحاديث العامة، والكتابات المتخصصة على حد سواء مثل "عالمي"، "التنمية"، "المصدر"، "القائم بالاتصال" عوضا عن تعبيرات محلية كانت تستخدم في هذا المجال مثل: "النهضة" "العمران"، "الخطيب"، "المنشد" وغيرها، كما ساعدت هذه التكنولوجيا على شيوع الكتابات الركيكة والتعبيرات الغامضة غير محددة المعنى مما ساهم في ضحالة الفكر. [39]

6. لقد عملت تكنولوجيا الاتصال والإعلام الحديثة على تكريس وإشاعة قيم الاستهلاك الغربي، وفرض النموذج الثقافي الاورو-أمريكي، وترسيخ قيم الامتثالية والقضاء على التنوع الثقافي للمجتمع، وهذا ما تسعى إليه كل من الإمبراطوريات الإعلامية الكبرى. [40]

7. تنميط العالم على نحو من نمط المجتمعات الغربية وبالذات المجتمع الأمريكي وذلك من خلال نقل قيم المجتمع القومي والأمريكي ليكون المثال القدوة، وكذلك ترويج الإيديولوجيات الفكرية الغربية وفرضها في الواقع من خلال الضغوط الإعلامية والسياسية، وهذا ما تلعبه تكنولوجيا الاتصال والإعلام الحديثة اليوم. [41]

8. لم يعد هناك مجال لحياة الفرد الخاصة كجسمه وعائلته وممتلكاته وقيمه، في ظل التطور الهائل لتكنولوجيا الاتصال و الإعلام الحديثة، فقد تمت تعريته من جل ما يميزه كفرد له سره ومكشوفة في الحياة، وقد تحولت قيمة الإنسان في خضم ذلك إلى وضعيات من المرئيات المكشوفة على وسائل الإعلام والاتصال، وإذا تأملنا في الثقافات التي سبقتنا ومنها تلك التي ننتمي إليها، فإننا نجدها قد سنت حدودا بين المواضيع الخاصة (الشخصية) والمعروضة على الرأي العام.

9. لقد تحولت ميادين الحياة إلى شيء مرئي أو (مسموع) للاستهلاك، ويتضمن المشهد كلا من السلع المادية المرئية والصورة المرئية المادية عن السلع، ويكون المشهد في هذه الحالة لغة لسلعة وتقنية المرئي، وهذا المشهد في الواقع يسلب الوجود الإنساني من التجربة الحقيقية والمعنى، بل يحول الوجود بالمعنى إلى الوجود بالحصول (أي الحصول على شيء أو الوجود بلا معنى) ويصبح المرئي هكذا أكثر أهمية من الحقيقة المعيشة ذاتها. [42]

10. التأثيرات الصحية لتكنولوجيا الاتصال والإعلام على الجانب البيولوجي و الفيزيولوجي والنفسي ـ للأفراد، فالعديد مـن الأمراض كـان سببها استخدام المفرط لهذه التكنولوجيـات مثل الصداع، الاكتئاب، العزلة، ضعف البصر ـ الإرهاق، ضغط الدم، القلق، أوجاع الظهر، ضعف السـمع،...الخ) وهـذا مـا أثبتته العديد من الدراسات الغربية في هذا المجال.

و نظرا لخطورة تكنولوجيا الاتصال والإعلام عـلى حيـاة الفرد فسوف نعـود لآثارهـا السـلبية بالتفصيل عنـدما نتحدث عـن هـذه التكنولوجيـات واستخداماتها في المباحث المقبلـة، (الانترنت، الحاسب الآلي، البـث الفضائي، الفيديو، الهاتف النقال...الخ).

ثانيا: آليات الاتصال الفضائي الجديد

عندما نتحدث عن آليات الاتصال الفضائي الجديد، فإننـا نـذكر أنهـا متعـددة مـن حيـث الأشكال والأساليب، ومـن حيـث الأدوات والقنوات المستخدمة، لكن نحن في هذه الدراسة سنتحدث عن آليات البث التليفزيوني الفضائي، والتي تتمحـور في اعتقادنا حـول أدوات رئيسية هـي التليفزيون كجهـاز للاسـتقبال والأقمار الصناعية والاتصال الكـابلي والألياف الضـوئية والفيديو تكس والقنـوات الفضائية كظاهرة اتصالية وإعلاميـة ناتجـة عـن التطورات الحاصلة في ميدان تكنولوجيا الاتصال والإعلام الحديثة.

2-1- الأقمار الصناعية والاتصال الكابلي واستخداماتهما:

1- مفهـوم الأقمـار الصناعية: القمـر الصناعي هـو عبارة عـن جهـاز استقبال وإرسال، يسـير في مـدار الفضاء الخـارجي، خـارج الجاذبيـة الأرضية ويسير مع دوران الأرض وهو قادر على إعادة نقل الإشارات إلى نقطة أخرى على سطح الأرض إذ يعتبر نوعا من سفن الفضاء يـدور مع دوران الأرض، أو أي جسم سماوي آخر. (43)

2- **نشأة الأقمار الصناعية**: يرجـع أول تنبـه إلى إمكانيـة اسـتخدام الأقمـار الصناعية كأبراج شاهقة الارتفاع لاستقبال وإعـادة إرسال الإشـارات إلى "**أرثـر كلارك**" و قد عبر عن رأيه في مقال له عـام (1945) وتنبـأ فيـه إمكانيـة وضـع أقمار صناعية في مدارات متزامنة مع حركة الأرض.

نشر في مجلة (Witeless World) مقال حدد مـن خلاله " **كلارك**" الخطوط العريضة للاتصال عبـر الفضاء قبـل أن يـدور أول قمـر صناعي للاتصالات حول الأرض بسنوات وتقوم فكرة *كلارك* على أسـاس وضع ثلاثة كرات معدنية كمرآة عاكسة في الفضاء، تبعد بمسافة متساوية عـن بعضها البعض، وعلى مدار يجب أن يقـع علـى ارتفاع (36000) كيلـومتر فـوق خـط الاستواء.[44]

وبذلك يمكـن تجنب العوائق الاعتيادية المتمثلـة في التضاريس، كـما يمكن تغطية مساحة كبيرة مـن الكرة الأرضية تصل إلى (90%) ولكـن هـذه المقالـة المتقدمـة عـن أوانهـا إلا أن عصـر الفضـاء بـدأ فعليا في أكتـوبر (1957)عندما أطلق الاتحاد السوفياتي (سابقا) أول قمر صناعي في العالم وهـو (سبوتنيك1) (Sputnik1) الذي كان يدور 16 مرة في اليوم.

واستمر هذا النقل والإرسال التليفزيوني لمدة ساعة من الزمن[45]، تبعته الولايـات المتحـدة في عـام (1960) بإرسال مجموعـة مـن الأقمار الصـناعية التجريبية ثم ظهرت جملة من الشركات الأوروبية والأمريكيـة التـي أطلقت مجموعة من الأقمار الصناعية في فترة مـا بـين (1963-1964) أطلقـت عليها (سينكوم) و (سينكوم3).

ثم توالت بعد ذلك العديد من الدول المتقدمة والنامية بإطلاق أقمار صناعية، ومنها بعض الدول العربيـة التي اشتركت في قمر صناعي للتعاون الإعلامي (عربسات1) 1980 ثم تعددت بعد ذلك مجموعة الأقمار

الصناعية العربية، كما أطلقت مصر ـ قمر صناعي (1998) ليشارك العديد من الدول الأخرى التي اهتمت باستخدام الأقمار الصناعية في مختلف المجالات.

وتتلخص نظرية الأقمار الصناعية و تكنولوجياتها المتقدمة، وذلك عن طريق توجيه المحطات التليفزيونية إليها، وتستطيع أن توصل أو توجه إرسالها إلى الأقمار الصناعية الذي يدور بنفس سرعة الأرض، و ذلك من أجل المسافة الثابتة دائما بين القمر الصناعي ومحطة الإرسال التليفزيوني المرتبطة بها، كما يتم تركيب محطتي استقبال وإرسال على القمر الصناعي نفسه، حيث تقوم المحطة الأولى باستقبال البرامج التليفزيونية المرسلة من المحطة التليفزيونية الأرضية، و الثانية ترسل البرامج نفسها إلى محطات استقبال أخرى على سطح الأرض، ثم ترسلها إلى جميع أجهزة الاستقبال التليفزيوني للأفراد في جميع أنحاء القرية الكونية. [46]

3- وظائف الأقمار الصناعية:

- محطات استقبال وإرسال البث التليفزيوني.
- وسيلة للاتصال التليفزيوني المباشر وغير المباشر.
- عملية الإرسال الإذاعي والتليفزيوني والتلغراف والاتصالات اللاسلكية. [47]

- و يتم استخدامها لعقد المؤتمرات عن بعد عندما تستدعي الحاجة.
- الربط بين الحاسبات الإلكترونية ونقل البيانات والصورة والصوت التي تخزنها الحاسبات الإلكترونية بين حاسب وآخر.
- نقل البريد حيث تنقل الرسالة على المتلقي بواسطة الأقمار الصناعية ليشاهدها على شاشة جهاز الاستقبال في منزله. [48]

- نقل المعلومات بأنواعها المختلفة ثم إعادة استرجاعها بكفاءة وجودة عالية.

ولقد حققت تقنية الأقمار الصناعية معظم ما كانت تصبو إليه الحضارة البشرية من طموحات.

- المقدرة الهائلة على استيعاب مقدار كبير من القنوات الاتصالية التي تحمل الإشارات التناظرية وتلك الرقمية في آن واحد، بواسطة الموجات الكهرومغناطيسية متناهية الصغر وبثها على أكبر جزء من الأرض.

- إمكانية نقل الصور الفوتوغرافية الرقمية، دون حاجة إلى تحويل الإشارات الرقمية إلى إشارات تناظرية.

- باستخدام هذه التقنية أصبح في مقدرة الصحف والمؤسسات الإعلامية المختلفة الإرسال والاستقبال من وإلى مسافات بعيدة إلى جانب القدرة على استخدام الإشارات الرقمية مباشرة في عملية نقل الصور والأحداث. [49]

- القمر الصناعي يسهم بشكل كبير بالإضافة إلى بناء نواة اتصالية تشكل حلقة وصل بين عدد هائل من الأمكنة في العالم، في إتاحة حوار تفاعلي عبر معدات تقنية تزداد غنى بما تحتويه من أنظمة كودية، شفوية وكتابية، وتزداد غنى أيضا بخواص متميزة بما توفره من حوار يتحقق بقطع النظر عن التموضع المكاني والزماني للمتحادثين. [50]

- تستعمل أيضا للأغراض العلمية (علوم النجوم وتحديد الاتجاهات، الأرصاد الجوية، التنقيب عن الثروات الباطنية).

- طلبات الأفراد التي طورت الاتصالات السلكية واللاسلكية:

1. الرغبة في الحصول على أكبر قدر ممكن من المعلومات بشكل فوري نتيجة عوامل المنافسة في السوق الرأسمالي.

2. الحاجة إلى توفير قنوات الاتصال الفوري مع الوحدات التابعة لمركز العمل في أماكن جغرافية بعيدة.

3. الرغبة في الحصول على خدمات سريعة مثل شراء السلع والبضائع والتعامل مع المصارف ودفع الفواتير المستحقة.

4. الرغبة في التعرف على نظم البيئة ومراقبة تغيراتها و التحكم في الجوانب الأمنية.

5. الانتشار الواسع للخدمات التليفزيونية وتعدد أشكالها مثل التليفزيون الرقمي والتفاعلي والتوسع في حجم شاشة الاستقبال.

6. الرغبة في نقل الرسائل بسرعة تواكب سرعة حركة المجتمع باستخدام وسائل جديدة مثل البريد الإلكتروني وتخزين الصور و الفاكس السريع.[(51)]

2-2- الاتصال الكابلي و استخداماته:

1- ماهيتها و تطورها: يعد الكابل أحد الوسائط التي تستخدم في عملية نقل الوسائط الصوتية والمرئية والنصوص إما بالأسلوب التماثلي (Analogique) أو بالأسلوب الرقمي (Numérique) و الكابل هو أحد أشكال الاتصال السلكي، حيث أنه خلال السنوات الأولى من تطور التليفزيون الأمريكي كان الناس الذين يقيمون بعيدا عن المدن الرئيسية يحصلون على خدمة تليفزيونية ضعيفة فبدأ هؤلاء الناس يسعون إلى استخدام هوائيات استقبال ضخمة وذات كفاءة عالية لتحسين استقبال الصورة التليفزيونية و منع التداخل بين الموجات وكان يتم نقل هذه الإشارات التليفزيونية عبر أسلاك تسمى كابلات "Câbles" وهكذا بدأ تطوير ما يسمى (CATV) اختصار لعبارة "Comunining Ancenna Télévision" وتعني استخدام هوائي ضخم لتوصيل الإرسال على عدد من المنازل في المناطق المنعزلة.

وتم بناء أول نظام كابلي في الولايات المتحدة **عام** 1946، و بحلول عام 1950 بلغ عدد شركات الكابل في الولايات المتحدة 70 **شركة**، وفي عام 1965 وافقت لجنة الاتصالات الفدرالية (FCC) على اعتبار شركات الكابل محطات تلفزيونية محلية وذلك لتشجيع تقديم خدمات محلية، وفي عام 1975 أقامت شركة RCA الأمريكية قصرا صناعيا للاتصال على أسس تجارية وهو "SATCOMI" ثم ظهرت شركة جديدة للكابل **"هوم بوكس أوفيس"** واستأجرت جهاز إرسال واستقبال مقابل رسم سنوي تدفعه لشركة RCA تمزج الإرسال الكابلي بالإرسال الفضائي، وأصبحت شركة **"هوم بوكس أوفيس"** أول شركة كابلية تستخدم قنوات الأقمار الصناعية، وبهذا أصبح الاتصال الكابلي وسيلة خاصة لتقديم الأفلام والبرامج المتخصصة ومنافسا قويا للوسائل الإلكترونية.

تهدف صناعة الكابل الحديثة تحقيق الاتصال في اتجاهين وذلك بعد ظهور الكابل متحد المحور في أواخر الستينات وكذلك إنتاج أجهزة التقوية ثنائية التوجيه وتعمل هذه الأجهزة على تقوية الإشارات من المركز الرئيسي إلى المشترك ومن المشترك إلى المركز الرئيسي، وفي عام 1978 بدأت خدمة **"وارنر ميكس كيوب"** في الولايات المتحدة الأمريكية وأصبحت واحدة من أكبر شركات الكابل التي تسمح بالاتصال في اتجاهين.[52]

2-2- **استخدامات الاتصال الكابلي:**

1. توفير إرسال واضح لجميع القنوات التي تستخدم الموجات الكهرومغناطيسية.
2. استطلاع آراء الجمهور بشكل فوري نحو قضايا مختلفة من خلال الاتصال ثنائي التفاعل.

3. إمكانيـة حقـن الحاسـب الإلكترونـي بالبيانـات التـي يحتـاج إليهـا المشتركون في أي وقت.

4. تحقيق التعلم الذاتي بكفاءة. [53]

5. إمداد المشـتركين بتنـوع شاسـع مـن الخدمـات البرامجيـة مـن خـلال عشرات القنوات التلفزيونية الواضحة الإرسال.

6. إمكانية توجيه بعض الأسئلة للمشتركين خلال تقديم البـرامج وإتاحـة رد الفعل الفوري. [54]

7. إمكانيـة تقـديم خـدمات برامجيـة تتناسـب وظـروف الجماعـات المستهدفة وإتاحـة خـدمات داخـل المنـزل (شراء، البنـوك، الخـدمات الطبية، التعلم). [55]

2-3- الفيديو تكس والألياف الضوئية واستخداماتها:

1. تعريف الفيديوتكس (المتفاعل): هو واحد مـن بنـوك الاتصال المتلفـزة و يسمى أيضا الفيديو داتا (Video Data) و يعد هذا النظام إسهاما مهمـا في مجال توصيل وتناقل المعلومات على المستفيدين عبر قواعد معلومات واسعة ومتنوعة من خلال بث وإرسال معلومات غير محدودة مـن حاسـوب مركـزي إلى المحطات الفردية عـبر شاشـات التلفزيـون وعـن طريـق خطـوط هاتفيـة وقابلات وأقمار صناعية ووسـائل اتصال سلكية أو اللاسـلكية، ويمتـاز بالسـرعة وحرية الاختيار والتزود بمجالات واسعة وكميات كبيرة من المعلومات. [56]

- ويوجد نوعان من الفيديوتكس وهما: الفيديو السلكي والفيديو الإذاعي أو ما يعرف (بالتلتكست) (Télétexte).

- والفيديوتكس السـلكي يتـح نقـل المعلومـات في اتجـاهين بطريقـة تفاعلية أما التلتكست فيسمح بنقل المعلومات في اتجاه واحد فقط.

2. خدمات الفيديوتكس السلكي (Wired Vidéo Tex):

- يعمـل في اتجـاهين، فهـو نظـام تفـاعلي يستخدم عارضا للصـورة (Vidéo Display) وغالبا ما يكون هذا العارض جهاز الاستقبال التلفزيوني، و يتصل هـذا الجهـاز بشـبكة خطـوط هاتفيـة وهـو وسـيلة تسـتقبل صـفحات مـن المعلومات، تملأ كل صفحة شاشة التلفزيون ويتم تخـزين هـذه البيانـات في قاعدة بيانات، تكون جاهزة للتعامل معهـا مـن خـلال توظيف البحـث الـذي يقوم به مستخدم الجهاز.

- وقد أتاح هذا النظام تحويل جهاز الاستقبال التلفزيوني من وسـيلة ترفيهيـة تقليدية إلى أداة من أدوات عصر ـ المعلومات، حيث يستطيع المشاهد أن يصنع جريدته الخاصة.

- يستطيع مشاهد التلفزيون المشترك في خدمة الفيديوتكس، الاتصال المباشر بالحاسب الإلكتروني المركـزي عـن طريـق خطـوط شـبكة الهـاتف أو شـبكة الكابلات ويمكن أن يتم بين المشاهد والحاسب حوارا على شكل أسئلة وأجوبة تظهر على الشاشة. [57]

3. الألياف الضوئية واستخداماتها:

تعد الألياف الضوئية (Fiber Optics) أحد الوسائط الحديثة التي تساعد على تقديم مجال شاسع من الاتصالات، والألياف الضوئية عبارة عن قوائم زجاجية رقيقة للغاية تشبه خيوط العنكبوت، وتسمح بمرور أشعة الليزر خلالها ويمكن أن يحل هذا الضوء محل الإشارات الإلكترونية التقليدية المستخدمة في خطوط الهاتف والراديو والتلفزيون ونقل بيانات الحاسب الإلكتروني. [58]

- **ماهية الألياف الضوئية:**

الألياف الضوئية عبارة عن توجيه للضوء من خلال الألياف أو خيوط زجاجية وترجع كلمة الألياف الضوئية إلي العالم" **كاباني**" الذي وضع هذا التعريف في كتاب بالاسم نفسه في عام (1956) وهو يعرف الألياف الضوئية بأنها فن الإرشاد الفعال للضوء في مناطق فوق البنفسجية والضوء المرئي وتحت الحمراء للطيف عبر ألياف شفافة خلال مسارات محدودة". والألياف الضوئية عبارة عن قوائم من الخيوط الزجاجية التي يمر الضوء خلالها عبر ترددات عالية جدا.[59]

و تعود فكرة الألياف الضوئية إلى العالم الإيطالي " **غرا هام بال**" أربع سنوات بعد اختراع الهاتف في عام (1880)، ورغم نجاح بعض التجارب النظام فإنه لم يكن عملي، بحيث عند نقل الإضاءة (الضوء) في الجو يصطدم بالتقلبات الجوية المفاجئة. وفي عام 1870 نجح العالم الإنجليزي "**تين دال**" في نقل الضوء على طول منبع الماء (حنفية مضاءة) و في الفترة نفسها بدءوا بصنع خلايا صغيرة من الألياف الضوئية، و في عام 1958 حققت نقل أول خلية ضوئية، حيث كانت التنقلات الضائعة من هذه الخلية تقدر **بـ** 99% من الضوء المحتقن بعد 20 مترا من انتشاره، و نحو 1970 تطور مهم حقق، اكتشف بأن ثلاثة مواد تتوفر على ميزات مهمة في المنطقة نفسها للشبح الضوئي (الحقل الضوئي). و من هنا كانت النجاحات جد سريعة عام 1972 السنة التي بدأ باستغلال العلاقات الأولى السابقة للعمليات في قيادة الموجات الضوئية في الولايات المتحدة الأمريكية تحافظ هذه الموجات على 40% من الطاقة بعد كيلومتر واحد.

أول ربط عملي بالخلايا الضوئية ركب بين المراكز الباريسية عـام 1980، إن نجاح الخلية الضوئية أو المرئية ظهر أكثر فأكثر بشـكل غـير منتظر عندما كان التطور التقني سريعا جدا، استوجب ست سـنوات لـكي يـتم العبـور مـن التصاميم المخبرية إلى الروابط التجريبية.(60)

ويمكن لهذه الألياف الضـوئية أن تحمـل الإشارات الصوتية والمرئيـة والبيانات، ويتم صناعة الألياف الضوئية من مادة اللب الـدائري ويقوم هـذا اللب بنقل الضوء مع فقدان طفيف.

- استخدامات الألياف الضوئية في الاتصال:

1. تستخدم الألياف الضوئية في الاتصالات الهاتفية من خلال مـد الكابلات، كما تستخدم في الاتصال بين نقطتين بحيث تنقل كميات ضخمة جدا من المحادثات الهاتفية أو تسمح بمرور البيانات بين نقطتين، وإذا كانت المسافة بعيدة جدا فإن كمية الضوء تتناقص، وبالتالي تحتاج إلى مقوي للإشارة أو مكرر وهناك كميات ضخمة من اتصال البيانات ودوائر الهاتف تجمع بين استخدام الإشارة المفردة (Single Mode) و الإشارة الرقمية ذات المعدل المرتفع من نقل البيانات وتوضع هذه الإشارة على "زوج"(Pair) من الألياف الضوئية يستخدم أحدهما في الإرسال و الثاني في الاستقبال، وتسمى هذه الطريقة إرسال متعدد على الموجة نفسها، ومن خلال استخدام الإرسال المتعدد يمكن أن تحمل الألياف أعدادا ضخمة من الدوائر الهاتفية واتصال البيانات.

2. يمكن استخدام الألياف الضـوئية كقنـوات لنقـل الإشارة التلفزيونيـة عـبر الأقمار الصناعية فضلا عـن اتصالات الراديـو، ممـا يجعـل للصـوت و الصـورة أكثر وضوحا.

3. تتيح الألياف الضوئية حلولا لكثير من المشكلات الناجمة عن استخدام الاتصال السلكي والكابلات المركزية، والميكروويف ونظم الاتصال التي تشع بالهوائيات كما توفر الألياف الضوئية العزل الكهربائي من نقطة إلى أخرى، وتوفر قدرا عاليا من الأمان أثناء استخدامها.[61]

2-3- التلفزيون البث الفضائي المباشر:

أ- البث الفضائي المباشر:

يعد التلفزيون من بين وسائل الإعلام الجماهيرية التي استفادت من الثورة التكنولوجية في ميدان الاتصال والإعلام، وذلك لما لهذه الوسيلة من قدرة على التأثير والتغيير للمواقف والاتجاهات ولما تنفرد به من قدرة على الاستحواذ على قطاع واسع من الجمهور، إن ما تشهده هذه الوسيلة من تغييرات وتطويرات على المستوى التقني لم تشهده الوسائل الإعلامية الأخرى، وقد يعود ذلك لكون هذا العملاق الخجول (Le Géant Timide) قد اكتسح مختلف مجالات الحياة الإنسانية، وأصبحت مجتمعات هذا القرن تدين إلى التلفزيون في كونه إحدى أهم مصادر الثقافة والمعرفة. هذا بالإضافة إلى تلك القدرات التي تمتلكها الوسيلة في نقل المعلومات من حيث التركيبة الثلاثية (نص+ صوت+ صورة).[62]

لقد شهد التلفزيون تغيرات جديدة وجذرية في ظل تكنولوجيا الاتصال والإعلام ولقد استفاد هذا الجهاز من هذه التكنولوجيات الحديثة سواء من ناحية الشكل أو المحتوى، حيث نجد أن التلفزيون لم يشهد تغيرات منذ نشأته باستثناء استخدام الألوان في منتصف الستينات، إلا أنه في العشرية الأخيرة أخذ يشهد تطورات كبيرة في ميدان الإعلام و الاتصال، أدت إلى ظهور ما يعرف بالتلفزيون (TV.H.D)(التلفزيون عالي الدقة) و أيضا التلفزيون الكابلي والتفاعلي والرقمي وهي تغيرات تدفع تلفزيون " نهاية القرن

و القرن القادم لأن يكون مستطيل الشكل وبصوت ستيريوفوني من نوع (HIFI) وبصورة واضحة جدا وبمشاركة أكبر للجمهور في العديد من مراحل إعداد الرسائل الإعلامية".[63]

لقد كان لتكنولوجيا الاتصال تأثير كبير على تطور البث التلفزيوني وتوسيع طاقات الكابل التي تنقل ذبذبات الصور المرئية من خلال أشعة الليزر، وأصبح البث الفضائي المباشر السمة المميزة لعقد التسعينيات، إذ انتقل التنافس إلى الفضاء الخارجي واحتدم الصراع الثقافي بين الدول والشركات العالمية فأصبحت الأقمار الاصطناعية تجوب الفضاء لتبث بكل لغات العالم أنواعا وأشكالا شتى من البرامج الترفيهية والأفلام والمهرجانات والحروب والكوارث والانقلابات التي يتابعها المشاهد لحظة حدوثها.

إن ما تحقق للتلفزيون تقنيا ليس مجرد استفادة معظم قنوات وشبكات الإرسال الأرضي، محدودة السعة والانتشار، وفي التقاط البث المباشر من خلال أقمار الاتصال، بل أيضا في حالة التقارب الإنساني والحضاري بين الشعوب الذي خلقه البث الفضائي المباشر، فلم يعد التلفزيون وسيلة اتصالية تلاحق الحدث بهدف تغطيته وإنما يسهم في تشكيل أبعاد هذا الحدث[64] في مخيلة جمهور المشاهدين، كما أن الكثير من الأحداث السياسية والاجتماعية كالمؤتمرات والاحتفالات والحروب تنقلها قنوات التلفزيون من خلال البث المباشر الذي يعني نقل الحدث إلى المتلقي مباشرة على الهواء في زمن وقوعه، وبذلك تفوق التلفزيون على بقية وسائل الاتصال الأخرى من حيث السرعة والحيوية في نقل الأحداث بالصورة و الصوت.

و شهد التلفزيون تطورات متسارعة وتحولات جذرية وعميقة بفعل الثورة الرقمية وتوسع عمل أقمار الاتصال، التي فتحت آفاقا كبيرة أمام إمكانية

إنشاء قنـوات تلفزيونيـة متعددة، ومازالـت تطـورات الاتصـال جاريـة لتسهيل عملية وصول البث المباشر إلى المشاهد بوسائل سهلة ورخيصة، إذ تسعى بعض الشركات العالميـة لإتمـام البـث التلفزيونـي الفضائـي المبـاشر عـن طريق الهوائيات الاعتيادية من دون الاستعانة بالأطباق الهوائية. ⁽⁶⁵⁾

ب- واقع الفضائيات العربية:

إزاء غزو الفضاء وتدفق الأقمار الصناعية العاملة في هذا الكون وتزاحم خدمات القنوات الفضائية والمنافسة الشديدة بينها لكسب الجمهور مجانا أو مقابل (ادفع وشاهد) ناهيـك عـن فـرض أسـلوبها وخطابهـا الإعلامـي باتجـاه واحد وتدفق برامجها دون اهتمامها بنوعية المشـاهدين (عقائـدهم وقيمهم ومبادئهم وأخلاقياتهم...الخ).

دعت الحاجة إلى إيجاد هوية تلفزيونية فضائية عربية قمرهـا و سـاتلها وبثها الرقمي وبرامجها المتنوعة المتحضرة وبكوادر عربية لمواجهة هذا التوافد الفضائي المباشر الذي اختـرق الحواجـز بإصرار وبدون رادع و قبـل ذلـك حاجـة أعضاء الأسرة العربية في المهجر إلى قنـاة عربيـة خاصـة بهـم، فكانـت محطـة (BBC,CNN) والفرنسية و اليورونيوز وغيرها النوافذ الوحيدة التي يطلعـون منها على مواد البرامج الإخبارية والوثائقية ...الخ ودون خيارات كبيرة، ولكـن مع انطلاق المحطات العربية في بعض العواصـم العالميـة (لنـدن، رومـا) بـدأ الشـروخ في جـدران العزلـة المفروضة عـلى مجتمعـات الجاليـات العربيـة في الاتساع وأصبحت ساعات البـث التي تقدمها الفضائيات العربية الخاصة لهـم باللغة العربية، تشكل في مجموعها الخيارات الكبيرة التي هبطت داخل المنازل العربية تفسح لها الأسر مكانها يمتزج فيها الفرح والدفء والحنين لمواد الوافد الجديد

من الفضائيات العربية وأكبر عوامل كسر ـ حواجز العزلة والجمود والثبات الذين فرضتها المحطات الدولية.

إن انتشار الفضائيات العربية العالمية (ANN,ART,MBC) والأفكار تتسع لإطلاق قنوات جديدة تتيح أوسع فرص الاختيار أمام ملايين المشاهدين العرب، وأينما كانوا وتحتاج عمليات استيعاب تلك النقلة الهائلة في عصرـ استقبال البث الفضائي العربي من ملايين المشاهدين فترات أطول في عمليات الانتقاء والاختيار المطلوب مشاهدته والمطالبة لتحقيق رغبات تعطى كل محطة فضائية عربية هويتها المتميزة وجهدها لتمتلك التكنولوجيا الحديثة والطاقات المبدعة ووضوح الأهداف.(66)

و إن من أهم النتائج التي حققتها هذه القنوات أن المواطن العربي أصبح بضغطه زر ينتقل من دبي إلى دمشق إلى بيروت إلى تونس مرورا بالقاهرة، وجاءت أمال المشاهد كبيرة وهو الذي كان يعاني يوميا من التدفق الإعلامي والثقافي الغربي الذي يقابله ويواجهه في كل وسيلة من وسائل الإعلام، لكن سرعان ما تبددت أحلام المشاهد العربي في الفضاء الإعلامي العربي، وأصبح يتساءل هل هذه الفضائيات جاءت نقمة لتكمل ما أبقاه الإعلام الغربي.(67) فالمحلل لبرامج القنوات الفضائية العربية يجد أن معظم القنوات الفضائية غلب على إنتاجها ألبرامجي الطابع الترفيهي المقلد، لما ينتجه الغرب، والدليل على ذلك الفيديو كليب الذي يبث على القنوات الفضائية العربية، والذي تقدم فيه المرأة على أنها سلعة للعرض وجذب الأنظار نحوها من أجل الترويج للسلع الاستهلاكية التي يكون الهدف من ورائها دائما الربح السريع، وهذا ما يحط من كرامتها ويحرمها من حقوقها المكفولة في المنظور الإسلامي، الذي بوأها منزلة كبيرة في المجتمع.(68)

ومما يدعو للدهشة أن نسبة كبيرة من البرامج التي تقدمها الفضائيات العربية تحاول فيها تقليد الغرب إلا أن نسبة لا بأس بها منقولة تماما من برامج أجنبية وكأن قريحة الإبداع العربي اكتفت بالاقتباس والإعادة فقط. ولقد تحول البث التلفزيوني في معظم القنوات الفضائية وغير الفضائية إلى مجرد دعاية مجانية وترويج ساذج لوجوه أقل ما يقال عنها أنها بعيدة كل البعد عن تطلعات واهتمامات الفرد العربي وقضاياه الحقيقية وحاجاته الأساسية للوعي والمعرفة التي تؤهله وتعده لمواجهة التحديات وهذا يفرض على المسؤولين عن القنوات الفضائية العربية الاهتمام بالبرامج الثقافية والدينية التي تساعد المشاهد العربي على التصدي لمواجهة الأخطار الناجمة عن البرامج الوافدة من القنوات الفضائية الأجنبية. وأيضا مراقبة أو الابتعاد عن البرامج المستوردة. [69]

ومن المعتقد أن دخول الدول العربية مجال الفضائيات وهي غير مستعدة لذلك من حيث الإعداد لملء ساعات البث التي تغذي هذه الفضائيات، أدى على اعتمادها على برامج القنوات المحلية أو البرامج الأجنبية، وبهذه الطريقة تخدم الفضائيات العربية أهداف الفضائيات الأجنبية الوافدة بدون قصد لأنه لا توجد سياسة إعلامية عربية موحدة، ورغم دخول الدول العربية مجال القنوات الفضائية إلا أنها تفتقد إلى المنافسة مع القنوات الأجنبية التي تعتمد على التخطيط والإبهار التكنولوجي في بث برامجها ولهذا يلاحظ أن معظم المشاهدين يفضلون مشاهدة البرامج الوافدة الأجنبية عن البرامج العربية، ففي دراسة استطلاعية في مدينة الرياض وجد أن (73%) من أفراد العينة يتابعون القنوات الفضائية الأجنبية يوميا، و وجد أن البرامج الإخبارية في الدرجة الأولى، ثم البرامج الثقافية، ولعله

من الأسباب التي دفعت العديد لمتابعة القنوات الفضائية الأجنبية هي طبيعة الخطاب العربي ذات الطابع السياسي منه.[70]

إن البث الفضائي المباشر ثورة حضارية ينبغي استيعابها وتقبلها، لأنها تفتح الآفاق أمام المشاهد العربي للاطلاع على ثقافات وفنون العالم المتقدم، وليس بإمكانهم ولا من مصلحة الأمة العربية إقامة حواجز دون وصول تلك الثقافات إلى الوطن العربي مباشرة، ولكن هذا الانفتاح رهن بضرورة أن ترتقي التلفزيونات العربية إلى مستوى الموقف والكفاءة والتأثير.[71]

3- أهداف البث التلفزيوني المباشر:

تعد الدول المتقدمة من أكبر الدول حرصا على إنتاج تكنولوجيا أقمار البث التلفزيوني المباشر التي تستخدمها في بث برامجها على القنوات التلفزيونية المرسلة والتي نستقبلها نحن بواسطة أطباق استقبال خاصة، وتحمل في طياتها غزوا ثقافيا لضمان فرض سيطرتها على الدول النامية (العربية منها) ولهذا نجد أن الدول المتقدمة تمتلك أكبر عدد من أقمار البث التلفزيوني المباشر، حيث تقع المنطقة العربية في نطاق بثها، و تشير الدلائل إلى أن الدول المتقدمة تستخدم البث المباشر من أجل تحقيق نوعين من الأهداف، الأول يتمثل في الغزو الثقافي والثاني جعل الدول النامية تابعة لها إعلاميا ومن أهداف البث التلفزيوني المباشر ما يأتي:

1. إفراط بعض القنوات أو المحطات ذات البث المباشر في تقديم الجنس بصفة أساسية فيما تبثه من أفلام ومسلسلات و إعلانات، دون مراعاة الجوانب الأخلاقية ودون مراعاة لفئات كبيرة من المراهقين و الأطفال الذين يشاهدون هذه المثيرات التي تؤثر على تنشئتهم الاجتماعية، و تكسبهم قيما وعادات لا تتماشى مع القيم والعادات العربية والإسلامية.

2. قيام وسائل الإعلام الغربية باستخدام وكالات الأنباء العالمية في التركيز على الأحداث الإخبارية التي تظهر الفرد العربي على أنه فرد إرهابي ومخرب وشهواني مثل ما جسدته بعض الأفلام الأمريكية.

3. قيام بعض القنوات الفضائية الوافدة بممارسة الغزو الثقافي على المسلمين بما يشككهم في دينهم ومجتمعاتهم ويدعوهم للتعلق بالمجتمعات التي يصدر عنها هذا الغزو.

4. قيام بعض القنوات الفضائية الوافدة بالتركيز على إظهار الفرد العربي بمظهر غير لائق إما داخل بيوت تمارس بها الدعارة أو بث مشاهد ومناظر تظهر الفتيات العربيات يمارسن الجنس.

5. تركز بعض القنوات الفضائية الوافدة على إظهار المجتمعات الأوروبية والأمريكية بأنها مجتمعات لها تاريخ وتعتمد على الحداثة و الرقي و التقدم في الوقت ذاته تصور التاريخ العربي بأنه تاريخ عصابة إرهابية. [72]

6. تساهم الإعلانات الوافدة عن طريق المحطات التلفزيونية الأجنبية والعربية في نشر بعض أسماء غربية وأمريكية لبعض المأكولات والمحلات التجارية وبعض المفاهيم، مما يؤثر على اللغة العربية.

7. تساهم بعض القنوات الفضائية العربية والقنوات المحلية في هدم اللغة العربية الفصحى لأنها تبث برامج تعتمد على اللغة العامية.

8. تركيز بعض البرامج عبر القنوات الفضائية على بعض الجوانب التي تهدف من ورائها إلى تفتيت ترابط المجتمع وتماسكه من خلال ضرب الوحدة الوطنية.

9. تعتمد الدول الاستعمارية على وكالات الأنباء الأوروبية والأمريكية لزرع الإحباط وعدم الثقة بالنفس داخل المجتمع العربي (من خلال اعتماد الإعلام المحلي على الإنتاج الأوروبي والأمريكي في كثير من مواد

الإعلامية في انفصال النشء عن مجتمعه وقيم هذا المجتمع وزرع شعور الغربة والإحباط في نفسه وهو داخل مجتمعه. (73)

10. و يذكر " ياس خضر البياتي" بعض الملامح العامة لنماذج مضامين المادة الإعلامية الأمريكية والأوروبية الموجهة لجمهور العالم الثالث، وخاصة الشباب ومنها الغلو في اللامنطقية وإلغاء العقل في فهم الأشياء والعلاقات والأحداث (الأفلام العلمية والخيالية وأفلام الفضاء). أيضا تمجيد المغامرة الفردية والشعور بالعظمة الذاتية وقتل الإحساس بالجماعة و الترويج للعنف والوحشية والقتل والنزول بالمرأة من مستواها الإنساني وجعلها سلعة واقترانها بالذات ونزوات الرجال، وأيضا نشر العنف والجنس لتهديم ذاتية الشباب وطاقاتهم بما يجعلهم غير قادرين على التكيف مع الواقع.

11. التبعية الإعلامية: ويذكر شيلر Schiller أن هذه التكنولوجيا والأنظمة والممارسات والمواد الإعلامية المنقولة من دول العالم المتقدم للاستهلاك في دول العالم النامي تعمل على تشويه البيئات الثقافية في دول العالم النامي. (74)

12. نقل المعلومات التي من شأنها تفتيت المجتمعات وخصوصيتها و تدمير القيم والأفكار لفرض الهيمنة السياسية.

13. نقل النماذج الغربية في الحياة وتعميقها في حياة الشعوب بشكل مشوه وذلك بتوظيف المادة الإعلامية والثقافية لنقل الأنماط الاستهلاكية والسلوكية السائدة في الغرب.

14. التشكيك بقدرة الفرد العربي وتغذيته المستمرة بقيم وتقاليد جديدة طارئة على الوطن العربي وعلى تراثه الحضاري.

15. إضعاف الصلة بين وسائل الاتصال العربية وبين الفرد العربي والتشكيك بإمكانية تحقيق نقلة نوعية في عمل وسائل الاتصال و الإعلام ومصداقيتها. [75]

16. الغلو في اللامنطقية وإلغاء العقل في فهم الأشياء والعلاقات والأحداث التي تعمل له الكثير من الأفلام العلمية والخيالية، وأيضا تمجيد المغامرة الفردية والشعور بالعظمة الذاتية وقتل الإحساس بالجماعة، بالإضافة إلى اختزال النجاح في الارتقاء عبر السلم الاجتماعي، إذ تتغلب قيم النفعية والمصلحة الشخصية على قيم العلم والمعرفة والثقافة، فتختفي الأخلاق وتعوضها المنافع والمعارف الوظيفية، ويؤكد الكثير من الباحثين أن كثرة مشاهدة التلفزيون تؤثر على فكر المشاهد فتضعف لديه ملكة التخيل، لأنه يقدم الصورة والفكرة مبعدا العقل ومحاولا شحذ الفكر، وتتباطأ العملية التحليلية النقدية نظرا لضعف المضمون. [76]

17. تعمل القنوات الفضائية على زرع القيم النفسية والفكرية والثقافية للقوى المسيطرة في وعي الآخرين، وعلى الأخص أبناء مجتمعاتنا، و فتح هذه المجتمعات وإسقاط عناصر الممانعة والمقاومة والتحصين، وإعادة صياغة قيم وعادات جديدة، تؤسس لهوية ثقافية وحضارية أخرى لهذه المجتمعات مهددة هويتها الحضارية، وتؤكد بعض الدراسات أن هذه القيم أغلبيتها العظمى قيم غربية (أمريكية) كما نشاهدها في الأفلام والمسلسلات و غيرها من وسائل الاتصال والإعلام الحديثة.

- و في دراسة " وديع محمد سعيد" على (554) طالبا وطالبة بجامعة صنعاء حول البث التلفزيوني الفضائي الوافد إلى اليمن وعادات تعرض طلبة الجامعة له، توصلت إلى أن هناك نسبة عالية من عينة البحث (76%) تقر بوجود برامج تعرضها القنوات العربية والأجنبية لا تتلاءم

مـع القيـم والعـادات والتقاليد وهـي نتيجـة مقلقـة- علـى حـد قـول الكاتـب- لا سيما وأن نسبة التعرض للقنـوات الفضائية الوافـدة يـتم بكثافـة عالية (71%). [77]

و يرى كثير أن وسائل الإعـلام السـمعية البصـرية علـى وجـه الخصـوص تسـتثير الانفعـالات النفسـية التـي ترفـع مسـتويات التـوتر العـاطفي لـدى الجمهور، مما يؤدي إلى احتمـال وجـود استجابات سـلوكية متـوترة لـدى هـذا الجمهور. [78] ثم إن برامج العنف والجريمة كثيرا مـا تعرض الجريمـة بأسـاليب سيئة تضر بالمجتمع وتقدم للمشاهد صور خاطئة وسطحية عن الجريمـة التـي تبالغ في وصفها، وتعظم من شأن المجرم، وتصوره فـي صورة البطل، مـما يغـري الأطفـال والشباب بوجـه خاص علـى تقليـده لكسـب البطولـة الزائفـة و الشـهرة الكاذبة وتتحول بهذا البرامج التلفزيونية إلى مدرسة تعلم فنـون الإجـرام. و تخرج المجرمين بدلا من العمـل علـى محاولـة القضـاء علـى الجريمـة، وتبصـير المشاهدين عواقب العنف، وأثار الجريمة، و تسـاهم مساهمة فعالـة وجـادة للحد من مثل هذه الظواهر الاجتماعيـة التـي تفتـك بالمجتمعـات، و يـذهب بعض علماء النفس إلى أن المسلسلات العنيفـة، و البـرامج الجنسـية تخلـق فـي النشء شعورا بالبلادة وعدم المبـالاة، و يـنجم عـن ذلـك نـوع مـن الشـلل فـي الإحساس والقيام بردود أفعال غليظة، بعيدة عن أي احـترام أو تعاطف. [79]

18.الإثارة النفسية والعاطفية للمشاهد: فمشاهد العنف والجريمة قد ترفع من حدة التوترات النفسية والعاطفية لـدى المشاهد مـما يـؤدي إلى احـتمال حـدوث سـلوك عـدواني وتظهـر هـذه التـوترات أكـثر مـن أشـكال (الخـوف، الأرق). [80]

بعد أن تحدثنا عن جملة من السلبيات للبث الفضائي على الجماهير العربية من حيث الهوية الوطنية والثقافات السائدة والقيم الاجتماعية والثقافية والدينية وأنماط المعيشة والسلوكيات والتي تأثرت بما تبثه القنوات الفضائية الأجنبية أو بعض القنوات العربية من أفلام حول الجنس ومسلسلات خليعة، وموسيقى صاخبة وإعلانات مثيرة، لا تحترم المبادئ والثقافات السائدة في المجتمعات العربية والإسلامية، لأن الهدف من هذه القنوات الفضائية هو تجاري بحت. و لكن رغم أن لهذه القنوات العديدة والمتنوعة سلبيات إلى أننا يمكن أن نجد بعض الإيجابيات والتي تتجسد فيما يأتي:

1- توفير فرص الانتقاء والاختيار أمام المشاهدين: يشهد العالم اليوم ثورة غير مسبوقة في ميدان إنتاج الصورة وتوزيعها، وفي درجة الاستهلاك العالمي لها، وهي ثورة أتت من امتداد النجاح الهائل في ميدان توظيف نتائج تكنولوجيا الاتصال عبر الوسائط الفضائية ولا يضارع هذه الثورة الإعلامية في قيمتها الثقافية أهمية إلا النتائج الكبرى التي ولدتها على صعيد الثقافة والسياسة والاجتماع. وقد يكون أهم تلك النتائج على الإطلاق أنها كسرت الاحتكار الإعلامي الرسمي، وأطاحت بأحاديته، ونالت من قدرته كما من وظائفه التقليدية في مضمار تحقيق الهيمنة الإيديولوجية، ومزقت شرانق الحجب عن المتلقي لتضع في حوزته إمكانيات مذهلة للاتصال بالعالم الخارجي، واستقبال المعلومات المتدفقة بغير قيود وتكوين رأي مستقل في الشؤون العامة عن الخطاب الرسمي، حيث تسنى لجماهير المشاهدين ممارسة حرية المشاهدة والتفتح على العالم متى توفر له هوائي لالتقاط البرامج عبر الأقمار الصناعية.

2- الانفتاح على التكنولوجيات المعاصرة: إن من أهم مظاهر العولمة الإعلامية التي جعلت العالم شبه ضاحية صغيرة في مدينة كبيرة،

هـو الانفجـار المعلومـاتي أو الثـورة المعلوماتيـة التـي سـيرتها الثـورة الاتصالية، الأمر الذي كان لتأثيره الكبير عـلى المسـتوى السـياسي والاقتصادي والاجتماعي وعلى التركيبة القيمية التي تميز البناء الفكري والثقافي للشعوب، الشيء الـذي يقودنا إلى القول بـأن المرحلة الراهنة لثورة المعلومـات هي اندماج تقنياتها المختلفة مـع وسائل الاتصال ممـا أدى إلى ظهـور مفهـوم " التكنولوجيا الحديثة للاتصال الذي أثر بشكل كبير على وسائل الاتصال وعظم من تأثيراتها المجتمعية على كافة المستويات.(81)

3- تقوم القنوات الفضائية العربية وبعض القنـوات الفضائية الأجنبيـة عـلى تثقيـف الجماهـير، وتعليمهم فنـون التـعلم واكتساب المعـارف الجديـدة والتعرف على العالم من جميع النواحي، وأيضا تساهم القنوات الفضائية عـلى خلق جو الترفيه والتسلية والقضاء عـلى الروتين اليومي الـذي يعـاني منه الشبـاب العربي، وخلقت لـه مجتمعا افتراضيا يلجـأ إليه في حالة الشعور بالعزلة والاغتراب من خلال مشاهدة الأفلام والمسلسلات والأخبار والأشرطة العلمية المتنوعة.

4- **تجديد الثقافة الوطنية الراكدة** في بعض الأحيان بتطعيمها بنماذج وتطلعات عصرية جديدة تتعلق بالإبداع والأداء الرفيع والإيقاع السريع، مع تشجيع التبادل الحضاري ونشر التسامح الثقافي بين الشعوب.

5- **اختفاء فكرة السيادة الإعلامية** التي كانت تتمسك بها بعض الدول الأمر الذي يتضمن مزيدا من الدعوة إلى التحرير والانطلاق، كما يزود الناس بالمزيد من المعلومات التي تساعدهم على حرية الاختيار.(82)

و من بين القيم التي يكون للتلفزيون دورا في بروزها من خلال ما تبثه من برامج وأشرطة ومسلسلات وأفلام وبرامج الفنون المختلفة ما يأتي:
- قيم الاتكالية والهروب من تحمل نتائج الفعل والسلوك.

- قيم الربح السريع، بدل القيم الحاثة على العمل المنتج والإبداع.

- قيم تهدف إلى تأصيل الإحساس بالعجز والدونية والتخلف والإيمان بالقدر بدل القيم الدافعة للسلوك الإيجابي، الحاثة على الخلق والابتكار.

- قيم الانفتاح الثقافي والاقتصادي على النتاج المادي والعقلي للغرب وتقديمه على أنه النموذج الأمثل للحياة والتنمية.

- قيم التقليد والمحاكاة لكل ما هو أجنبي كرمز للتطور، ويظهر ذلك بجلاء في طريقة اللباس، وتسريحات الشعر، ووضع حلقات الأذن، والرقص في بعض زوايا الشوارع والملاهي.

- قيم تدعو إلى سلوك العنف كمظهر من مظاهر المدنية الحديثة القائمة على القوة المادية والسيطرة وما ترتب عنها من ألوان السلوك الخاطئ والماجن مثل: التسكع والاعتداءات وأعمال السرقة والعنف وتناول المخدرات والمسكرات والتباهي أمام الملأ بذلك، والغلظة في الألفاظ، انعدمت من جرائها صور الاحترام بين الصغار والكبار... وغيرها. وهي في الواقع سلوكيات ومظاهر ما كان لها أن تطال مجتمعنا المسلم و المحافظ.[(83)]

و يذكر **الدكتور " بريان ولسون"** بعض الآثار التي يتركها التلفزيون على المواقف والقيم الأخلاقية والاجتماعية والنفسية والثقافية والدينية للأفراد الذين يشاهدونه فالتلفزيون يلعب دورا مهما في تغيير قيم الأفراد وآرائهم حول الجرائم ويزودهم بمجموعة من القيم والمقاييس الجديدة التي يستطيعون تقييم الحوادث وتصنيفها وتمييز العمل السوي عن العمل الشاذ، ويضيف "ويلسون" قائلا أن التلفزيون دائما يضخم مجال تكرار الجريمة و يركز على الحوادث العنيفة واستعمال القوة في حل الأمور ويشجع هؤلاء الأفراد الذين لديهم الطاقة الكامنة بالاندفاع تجاه الجريمة والانحراف بالمضي

في تيار الشذوذ و الانغماس في حوادث الإجرام والانتقام لكي يشبعوا غرائزهم اللااجتماعية و اللاأخلاقية.

و مما ينبغي الإشارة إليه هنا هو أن التلفزيون ليس السبب الأوحد في حدوث الجرائم والمشاكل الاجتماعية التي يتعرض لها المجتمع، فهذه المشاكل كانت موجودة في معظم المجتمعات الإنسانية قبل وجود التلفزيون، وكان ينظر إليها بأنها أشياء طبيعية لابد من حدوثها في المجتمعات المعقدة، بيد أن التلفزيون يساعد في بعض الحالات على بث وانتشار الإجرام بين المواطنين والشباب خاصة وهذا يعني أن هناك أسباب اجتماعية و نفسية وحضارية وثقافية معقدة تجعل من الفرد شاذا بطبيعته وسلوكه وتصرفاته وليس التلفزيون هو السبب في ذلك. [84]

و يشير " **جورج جيربنر** George-Gerbner" في هذا الصدد إلى أن التلفزيون الأمريكي يقدم للأشخاص المشاهدين له صورة مشوهة للعالم الواقع إذ تبرز برامج العنف للأفراد المشاهدين لها عالما أكثر عنفا وأكثر خطوة من الواقع المعيش، إذ تقدم الرجال ثلاثة مرات أكثر من النساء، وتقدم المرأة كمخلوق ضعيف ومستسلم وخاضع للرجل القوي، وتقدم نسبة من الأشخاص الذين يبلغون من العمر أكثر من 65 سنة أقل من حجمهم ضمن المجتمع الراقي. [85]

2-4- التلفزيون الرقمي والفيديو الرقمي واستخداماتهما:

1- التلفزيون الرقمي: تعتبر التقنيات الرقمية آخر التطورات الكبرى في مجال معالجة الصورة وتسجيلها، ويبدو أن دخول هذه التقنيات إلى عالم وسائل الإعلام السمعية البصرية قد أحدث انقلابا فعليا يعد بآفاق مستقبلية هامة، وتشير كلمة رقمي (Digital) إلى حالتين وهما التشغيل والإيقاف

(ON//OFF) ويتم التعبير عن المعلومات على شكل سلسلة أو إشارات كل زوج في الأرقام بت (Bet) بمعنى حروف أو رموز (Code).

وبدأ العمل بالتلفزيون الرقمي في أواخر (1998) حيث يوفر هذا النظام للمشاهدين صوت وصورة أدق وأنقى مما يوفره نظام البث العادي الحالي ويمتاز بعدة مزايا غير متوفرة في أنظمة البث التقليدية منها:[68]

- توفير قنوات إضافية للبيانات.

- سهولة الربط بالحواسيب الإلكترونية وشبكات الاتصال.

- تحويل الإشارة القياسية التي تصله إلى إشارة رقمية.

و يهدف التلفزيون الرقمي إلى:[87]

- تقديم صورة أفضل وجودة عالية للصوت باستخدام الإشارات الرقمية.

- تقديم خدمات جديدة مثل البث المتعدد والتي تعني بث برامج الفيديو متعددة في قناة واحدة.

- بث المعلومات مع إمكانية استقبالها مجانا (قنوات المعلومات) في كل المجالات المحلية.

وقد تطور النظام الرقمي على الشكل الآتي حتى وصل إلى ما هو عليه اليوم:

طورت شركة (NHK) المحطة التلفزيونية اليابانية مع مصانع الإلكترونيات في اليابان نظاما نظريا (Analog) للبث المطلق، يعطي خمسة أضعاف المعلومات التي تتطلب الصورة لتكون أكثر وضوحا. و في عام (1987) شكلت لجنة الاتحادية للاتصالات لجنة استشارية للتلفزيون الرقمي وكلفت هذه اللجنة بدراسة ووضع معايير لخدمة التلفزيون الرقمي في أمريكا، وفي عام (1988) طلبت هذه اللجنة من الجامعات ومختبرات البحث وضع

مواصفات البث الأولى لخدمة التلفزيون الرقمي. وفي عام (1990) توصلت اللجنة الاتحادية للاتصالات على قرار حاسم تم بموجبه اعتماد طريقة البث الأولى لخدمة التلفزيون الرقمي، وفي عام (1993) قامت لجنة خاصة بمراجعة النتائج وقدمت توصياتها إلى اللجنة الاتحادية للاتصالات بشأن اعتماد النظام، وفي عام (1997) وضعت اللجنة الاتحادية للاتصالات أحكاما إضافية لدعم المواصفات التقنية الجديدة. وفي عام (1998) بدأت الشركات التلفزيونية بالبث الرقمي [88]. إن التلفزيون الرقمي العالي الوضوح لن يغير عادات المشاهدين فقط ولكنه سيخلق أيضا ثورة في أنظمة الإنتاج والإخراج وكل الأجهزة السمعية البصرية، فبعد النجاح الذي تحقق في مجال التلفزيون، بدأت الشركات تتسابق لإنتاج البرامج الرقمية لأن طبيعة التحول في مجال تكنولوجيا التلفزيون يقضي بضرورة التحول في مجال إنتاج البرامج، من البرامج التماثلية إلى البرامج الرقمية. [89]

2- مزايا واستخدامات التلفزيون الرقمي:

يتمتع التلفزيون الرقمي بالمرونة فهو قادر على إعطاء صورة عالية الوضوح وصوت احتياطي متعدد القنوات، لا يتعدى عرضها [06] ميجاهرتز. في حالة الاتصال التماثلي يعمل الإرسال بشكل مستقل عن نظام الاستقبال ويؤدي ذلك إلى وجود قدر عال من التشويش حيث تؤثر ظروف البيئة وأحوال الطقس على الإشارة التماثلية أثناء إرسالها وعلى النقيض من ذلك يتخذ الاتصال الرقمي شكل الشبكة الرقمية (Network Digital) من بداية الإرسال إلى نقطة الاستقبال وتكون مراحل الإرسال والقناة والاستقبال عملية واحدة متكاملة، ولا تسمح هذه الشبكة الرقمية بأي قدر من التشويش ومنه تعد الإشارات الرقمية أقل تعرضا لظاهرة التداخل بين الترددات المختلفة. [90]

- يتسم نظام الاتصال بالنشاط والقوة التي تجعل الاتصال مؤسسا ومصانا كوحدة متكاملة عالية الجودة وخاصة في المناطق التي يكون فيها أسلوب الإشارات التماثلية مكلفا وغير فعال. فكلما كانت وصلة الاتصال صعبة بسبب الظروف البيئية تفوق الاتصال الرقمي على الاتصال التماثلي، ويتفوق الاتصال الرقمي في نقل المعلومات إلى مسافات بعيدة من خلال استخدام وصلات الألياف الضوئية.

- الاتصال الرقمي يقاوم التشويش ومقاومة التداخل في الصوت وتصحيح الأخطاء إلكترونيا والحفاظ على قوة الإشارة على طول خط الاتصال.

- تتسم الشبكة الرقمية بقدر عال من الدقة الآلية حيث يمكن أن يصمم النظام الرقمي لكي يراقب تغير أوضاع القناة بصفة مستمرة ويصحح مسارها.

- يمتاز الاتصال الرقمي بالشمول حيث يسمح النظام بنقل البيانات على شكل نصوص وصور ورسومات وصوت بقدر عال من الدقة، عن طريق استخدام الإشارة الرقمية.

- يضمن الاتصال الرقمي تأمين عال من السرية للرسائل الاتصالية وسهولة معالجة المعلومات. [91]

3- الفيديو الرقمي واستخداماته (DVD):

أدى انتشار أجهزة تسجيلات التلفزيون (الفيديو) إلى التوسع في استخدام برامج التلفزيون إذ تتيح هذه الأجهزة إمكانية تسجيل البرامج وعرضها في الوقت والمكان المناسبين متى دعت الحاجة إلى ذلك بالإضافة إلى سهولة تشغيلها ونقلها من مكان لآخر.

- و يعرف الفيديو الرقمي "دي في دي DVD" على أنه قرص مضغوط ولكنه أكثر تطورا من الناحية التقنية، ومن حيث طاقة التخزين، ومـن حيـث السرعة مقارنة بالقرص المضغوط، فهو الجيل الجديد مـن الأقـراص الضـوئية، فهو يخزن كميات كبيرة جدا من البيانـات والموسيقى والصـور وحتـى الأفلام والأخبار والأشرطة الوثائقية.

- يضم DVD خمس عائلات أي له خمسة تطبيقات أساسية هي: [92]
- الدي في دي DVD للقراءة فقط (DVD-Rom).
- الدي في دي DVD فيديو (DVD-Vidéo).
- الدي في دي DVD مسموع (DVD-AUDIO).
- الدي في دي DVD قابل للتسجيل (DVD-R'enrigistrable).
- الدي في دي DVD قابل للمحو وإعادة التسجيل (DVD-RAM).

■ **مزايا استخدام الفيديو الرقمي:**

- التقييم الـذاتي: إذ يمكن تسجيل أداء المتعلم كمهارة مـن المهارات ومشاهدتها وإعادة تسجيل بقصد تحسين الأداء.

- تكثيف المحاضرات والندوات للأساتذة الزائرين.

- إتاحة الفرصة للمتعلمين لتسجيل بعض المشاهد أثناء الـرحلات لدراستها.

- التمهيـد لموضـوع جديـد، تـدعيما لموضـوع تـم تدريسـه و لتعزيـز المعلومات التي درست حول الموضوع.

- توظيف المهارات اللغوية في مواقف حياتية مختلفة.

- عرض المفاهيم المعرفية وتوضيحها وتعميمها أو لتعزيزهـا و اكتسـاب مهارات مهنية متنوعة.

- إن أهم ما يميز أجهزة الفيديو الرقمي عن برامج التلفزيون التـي يـتم استقبالها مباشرة هي مقدرة المشاهد على التحكم في عرض البرامج وسهولة

إيقاف القرص (DVD) وإرجاعه إلى بدايته على فترات متباعدة كذلك يمكن الإسراع في عرض الصورة وإيقافها.[93]

5-2- علاقة التلفزيون بالأفراد (الجماهير):

تعد دراسة علاقة وسائل الإعلام والاتصال بالجماهير من أكبر وأهم ما أفرزته المدرسة الأمريكية بشكل خاص وبالذات في مجال التأثير التلفزيوني، فمنذ الثلاثينيات وحتى اليوم، والنظرية الإعلامية الأمريكية تراوح في نظرتها إلى حجم تأثير هذه الوسيلة بين تأثير قوي مباشر، وتأثير محدود، فتأثير معتدل وأخير آلت إلى مقولة التأثير القوي، ولكن المعتمد على متغيرات تقوى معها العلاقة و تضعف.

- ولكن على الجانب الآخر فهناك النظريات الأوروبية التي بدأ الاهتمام بها في الولايات المتحدة الأمريكية مؤخرا والتي تعطي وسائل الإعلام دورا تأثيريا كبيرا كما نجد في نظرية الهيمنة ونظرية الثقافة والنظريات التقدمية الأخرى التي تتبع مدرسة " فرانكفورت" وتلك التي تتبع المدرسة الأمريكية ذات الأصول الماركسية الخاصة بالتبعية والمدرسة الأمريكية ذات الأصول غير الماركسية كما هو الحال مع نظرية دور حياة المنتج.[94]

- و على كل حال فإن التلفزيون يحدث تأثيرات مختلفة و متنوعة وسلبية على الأفراد المشاهدين لبرامجه، وهذه التأثيرات المتعددة لا تنتهي في مرحلة زمنية محددة، وإنما هي عملية متصلة ومتواصلة مادام التلفزيون والمشاهدين في حالة تفاعل وتجاذب مستمرة ومتطورة بعد أن أصبح له تواجد دائم في حياتهم اليومية ولينتقل بهم عبر مشاهد برمجية مختلفة إلى بقاع قرية بعيدة أو قريبة من العالم وبأوقات قياسية. و في هذا الشأن يقول **"جورج جيرنبر"** عن التلفزيون أنه استطاع أن يغير وجه الحياة

السياسية في البلاد و يبدل العادات اليومية للشعب و يكيف أسلوب الحياة، و استطاع أن يجعل من الأحداث المحلية ظواهر كونية".(95)

يؤكد علماء الإعلام أن عملية التأثير التلفزيوني ليست ذات بعد واحد، و إنما هي عملية متعددة الأبعاد، ولهذا من الخطأ القول بأن منبها معينا يؤدي إلى استجابة، أو أن مثيرا ما يفضي إلى سلوك معين، وقد حلل علماء الإعلام تقسيم المتغيرات المتداخلة في عملية التأثير، وتصنيفها على أربعة فئات وهي:

1- **الاستعدادات السابقة**: وتتمثل في خصائص الجنس والذكاء والطبقة الاجتماعية والخلفية التربوية وهذه جميعا تشكل الخصائص الفردية، يضاف إليها الخبرة السابقة في استخدام وسائل الإعلام المختلفة. و كذلك عادات المشاهدة والبرامج المفضلة وباختصار فهي جميع السمات النفسية والاجتماعية التي تكون صورة متكاملة للاستعدادات السابقة.

2- **المضمون**: ويمثل فئة أخرى من فئات التأثير ويحتوي على القصة أو الموضوع أو الشخصيات والمكان أو المواقع، والزمان والعصر، و الأحداث التي تصور، والقيم التي تقدم الانطباعات التي تتكون نتيجة البرامج هذا فضلا عن عوامل أخرى.

3- **التأثير**: هو طريقة إدراك برامج التلفزيون و أسلوب الاستجابة له من خلال المشاهدة والأساس في دراسة التأثير هو الملاحظة، مثل تغييرات الوجه، وتقلص العضلات أو انبساطها، وغير ذلك من الإجراءات السيكولوجية، مثل تحرك حدقة العين. وغيرها من أساليب المشاهدة، وتؤدي هذه العوامل جميعا إلى نتيجة معينة هي إحداث تغير في الاتجاهات النفسية بالإضافة إلى السلوك العلني.

4- **النتيجة:** وهـي خلاصـة مـا تحدثـه المشـاهدة مـن تغـير في قيـم و اتجاهات و أفكار الأفراد و المشاهدين. [96]

ثالثا: الحاسب الآلي واستخداماته

تتولى أنظمة المعالجة الآلية للمعلومات تسجيل المعلومات وتخزينها واسترجاعها في الوقـت المناسب، بسرعة وسهولة وبكميات لا تقدر عليها ولا تقـارن بـالطرق اليدويـة أو الميكانيكيـة أو الإلكتروميكانيكيـة والجهاز الـذي يعتمد عليه في هذه العمليات هو الحاسب الآلي الإلكتروني والمفتاح الرئيسي- لفهم تكنولوجيا المعلومات في أحدث صورها هـو الحاسبات الإلكترونيـة مـن هنا لابد من التعرف على ماهية الحاسبات الإلكترونية؟   و نشأتها؟ وكيف تتعامل مع المعلومات؟ وأهم استخداماتها؟

1- **ماهية الحاسبات الإلكترونية:** الحاسبات الإلكترونيـة جمـع حاسـب وهو مجموعة من الأجهزة تشكل معا نظاما تقنيا وظيفته حـل المسائل المختلفـة التي يمكن صياغتها رياضيا، أو باستخدام قواعد المنطق الشـكلي الصوري، وتشمل هذه الأجهزة:

- وحدة المعالجة المركزية وفيها تتم تنفيذ العمليات الحسابية والمنطقية على البيانات الموجودة في جهاز آخر وهو وحدة التخـزين أو ذاكرة الحاسـب والذاكرة بدورها تتألف من قسمين: ذاكرة عامة وذاكرة ثانوية تتصف الذاكرة العامة بكونها ذات سعة تخزينية محـدودة وتكلفتهـا عاليـة نسبيا ولكنها تستطيع تناول البيانات مع وحدة الحساب والمنطق بسرعة هائلة لأنها تتصل معها مباشرة.

أما الذاكرة الثانوية، كالأشرطة والأقراص والأسطوانات الممغنطـة وغيرها فهي ذات سعة تخزينية ورخيصة التكاليف إلا أن سرعة تبادل البيانات بينها وبين وحدة المعالجة المركزية بطيئة نسبيا، ويضم الحاسب

الإلكتروني كـذلك أجهـزة الإدخـال والإخـراج و تسـمى أيضا بـالأجهزة المحيطة ووظيفة هذه الأجهزة تأمين التعامـل والاتصـال بـين وحـدة المعالجـة المركزية ووحدة تخزين والعالم الخارجي.

و أخيرا فإن الحاسب الآلي يضم أيضا ما يسمى بوحدة التحكم ووظيفتها الإشراف على عمل الحاسب وتحديد التتابع اللازم، ويقـوم الحاسب بـأداء العمل المطلوب منه بواسطة برنامج معين يوجد عادة في الذاكرة.[97]

2- نشأة و تطور الحاسب الآلي:

إن كلمة كمبيوتر هي كلمة إنجليزية مشتقة من الفعل يحسب أو يعـد، وتستخدم في اللغة العربية عـدة مصطلحات للتدليل علـى الكمبيوتر، مثل الحاسب الآلي، العقل الإلكتروني، والإعلام الآلي.

وكلمة إعـلام آلي (Informatique) تـم اقتراحهـا مـن قبـل "فيليـب دريفوس" عـام 1962 للتعبيـر عـن المعالجـة الأوتوماتيكيـة للمعلومـات، وتـم قبول المقترح من قبل الأكاديمية الفرنسية عام 1966.

تم بناء أول كمبيوتر في تاريخ البشرية في جامعة " بنسـلفانيا" بالولايـات المتحدة الأمريكية عام 1946 وأطلق عليه لفظ (ENIAC).[98]

إن المخترع الحقيقي للكمبيوتر هو " جون فينسون أتانازوف Vincent John Atanasoff " الـذي تـوفي عـام 1995، عنـدما كـان يفكر في الحاسـبة التماثلية التي صممها قبل ذلك التاريخ مع عدد من زملائه، وفي عام 1973 تم الاعتراف باختراع (أتانازوف) بينمـا الشهرة والفائـدة عـادت إلى " إيكـار" و " موشلي" اللذين اخترعا كمبيوتر " إينياك" عام 1946.

و منذ عام 1946 عرف الكمبيوتر تطورات هائلة زادت من سعته وطاقته وقدرته على أداء مهام عديدة في وقت وجيز جدا، وتوجه الكمبيوتر نحو تصغير حجمه بعدما كانت أوائل أجهزة الكمبيوتر تزن ثلاثين طنا.

و منذ نهاية الستينات من القرن العشرين أصبح الكمبيوتر أداة لتسيير المؤسسات ومع مجيء الكمبيوتر الشخصي في الثمانينات من القرن العشرين أصبح للإعلام الآلي أداة إدارية، ليفرض نفسه كأداة للإعلام والاتصال منذ مطلع التسعينيات. إن مبيعات الكمبيوتر على المستوى الدولي في ارتفاع مستمر بنسبة خمسة عشرة بالمائة سنويا، فقد بلغت 71 مليون عام 1996، ثم 81 مليون عام 1997، وبلغت في عام 1998 حسب دراسة قام بها المكتب الأمريكي " داتاكاست" 93 مليون كمبيوتر. [99]

3- أهمية الحاسب الآلي:

1. يعد استخدام الحاسب الآلي من بين وسائل الاتصال الجماهيري في وقتنا الحاضر.

2. يعتبر مظهر من مظاهر العصر- الذي نعيش فيه (عصر- التكنولوجيا والمعلومات).

3. حاجة كل المجالات إلى استخدام جهاز الحاسب الآلي في جميع فروعها وأعمالها وهذا نظرا للقدرة الفائقة التي يتمتع بها ومقدرته على إنجاز الأعمال والمهام التي يطلبها الإنسان منه، وذلك من ناحية السرعة والوقت والدقة المتناهية.

4. يخضع لعمليات التعديل والتدخل المستمر من قبل الفرد من أجل الحصول على معلومات جديدة والسعي إلى تخزينها لفترة طويلة واسترجاعها وقت الحاجة إليها.

5. ويصعب علينا حاليا أن نعدد استخدامات الحاسوب الآلي التي شملت مظاهر الحياة اليومية أو الحياتية للأفراد والجماعات والمجتمعات البشرية في الوقت الحاضر، بقدر ما نستطيع أن نشير إلى مدى إسهام الحاسوب كأحد الوسائل الاتصالية الحديثة في إحداث ثورة اتصالية.[100]

4- استخدام الحاسب الآلي في الاتصال:

تتنوع وتختلف استخدامات الحاسب الآلي من فرد إلى آخر، وهذا راجع إلى إشباعات واحتياجات كل فرد، وهذا الاختلاف ناتج عن اختلاف مجال العمل أو الدراسة أو البحث العملي ومن بين الاستخدامات نجد:

1. معالجة الكلمات: تتيح معالجة الكلمات طباعة أكثر تقدما وسرعة.

2. النشر المكتبي: تستخدم أجهزة الحاسوب في إنتاج صفحات كاملة من الصحف مزودة بالعناوين والنصوص والرسوم.

3. تصميم الرسوم: غيرت الحاسبات الإلكترونية من طريقة أداء الناس للرسوم التقنية.

4. البريد الإلكتروني: يمكن استخدام الحاسب الآلي في توزيع الرسائل البريدية.

5. الاتصال المباشر بشبكات المعلومات: يتيح هذا الاتصال توفير خدمات عديدة من المعلومات مثل الأخبار، الطقس، الرياضة، خدمات السياحة، السفر، الشراء ممارسة الأعمال المصرفية، استرجاع المعلومات، التعليم، التسلية والترفيه...الخ.

6. أعمال التوليف والتشغيل الذاتي لوسائل الاتصال، يلعب الحاسب الآلي دورا مهما في عملية المونتاج و المكساج للبرامج التلفزيونية و أفلام السينما.[101]

5- مميزات وفوائد الحاسب الآلي:

إن أهم ما يميز نظام الحاسب الآلي من سائر النظم الأخرى هو السرعة والدقة والقدرة على معالجة كميات كبيرة من المعلومات، والقيام بعمليات روتينية بشكل متواصل، ومن بين مميزات الحاسب الآلي نجد:

1. **السرعة في أداء الأعمال:** يقوم الحاسب الآلي بمعالجة البيانات بسرعة فائقة حيث نجد أن الأبحاث غالبا تحتوي على بعض المعادلات الرياضية المعقدة والتي يحتاج حلها يدويا إلى الكثير من وقت الباحثيـــن، وبوجود الحاسب الآلي حلت هذه المشكلة.

2. **الطاقة التخزينية:** يستطيع الحاسب الآلي وملحقاته من أجهزة التخزين تخزين كميات هائلة من المعلومات في حيز صغير جدا مقارنة بطرق تخزين المعلومات التقليدية التي تحتاج إلى مساحة كبيرة داخل المكتبات من أجل استيعابها.

3. **الدقـة في أداء الأعـمال:** بالإضافة إلى السرعة العاليـة في أداء العمليـات الحسابية وغيرها و تمتاز أجهزة الحاسب الآلي بدقتها في إجراء تلك العمليات.

4. **العمل المتواصل:** من الخصائص الهامة للحاسب الآلي أنه يعمل بشكل متواصل عدة ساعات بـل عـدة أيـام، وبالتـالي فهـو مـن أهـم الأدوات لإجراء الأعمال المتكررة داخل المؤسسات المختلفة.[102]

5. أداء بعض الوظائف والأعمال بسرعة أكبر وأخطاء أقل، وأيضا زيادة القدرة على التحكم في العملية التعليمية مع إتاحة الفرصـة للـتعلم الفردي حيـث يسير كل تلميذ في تعلمه حسب استعداده.

6. **يقوم الكمبيوتر بتقديم الدروس** و أداء بعض المهام الروتينيـة التـي تـوفر للمدرس الوقت لإعطاء الاهتمام الشخصي لكل تلميذ وتوجيه عملية التعلم

ومعالجة المشكلات الفردية التي لا تسمح مسؤوليات المدرس العادية له بالوقت الكافي. [103]

7- مجالات استخدام الكمبيوتر في التعليم:

إن نجاح وانتشار استخدام الكمبيوتر في التعليم يتوقف إلى حد كبير على مدى إتقان وإعداد وكتابة البرامج وكذلك على نوع الأجهزة المستخدمة وعلى ربط هذه البرامج باستراتيجية التدريس بحيث تصبح جزءا متكاملا معها يخدم أهداف تعليمية محددة. ويستخدم الكمبيوتر في مجالات عديدة منها:

1. **حفظ البيانات الخاصة بالطلبة:** كالاسم وتاريخ الميلاد و العنوان والمقررات والدرجات التي حصل عليها وغيرها من البيانات التي تستخدم عند تصنيف الطلبة وتوزيعهم على الدراسات المختلفة، وبالمثل حفظ نتائج الاختبارات النفسية واختبارات التحصيل التي يمكن الاستفادة منها في عمليات الإرشاد والتوجيه.

2. **استخدام هذه البيانات عند إجراء البحوث والدراسات العلمية،** إذ يمكن عن طريق الكمبيوتر إعداد مقدار كبير من البيانات والمعلومات وتصنيفها بسرعة وفق متغيرات تساعد في الحصول على الكثير من النتائج التي يحتاج إليها بالطرق التقليدية إلى وقت وجهد كبيرين.

3. **التخطيط لاحتياجات التنمية في المجالات المختلفة،** على أساس علمي قائم على البيانات والإحصائيات التي يمكن اختزانها في ذاكرة الكمبيوتر، ثم معاملتها حسب معدلات التنمية حتى تعطي صورة دقيقة عن احتياجات التنمية في المستقبل من الطاقات البشرية والإمكانات والميزانيات.

4. **أعمال المكتبات:** إذ يمكن حصر احتياجات المكتبة من المطبوعات بسرعة، وبالمثل مراقبة الاستعارات، كما يمكن تزويد المكتبة بإمكانيات

استرجاع المعلومات، فيحصل الطالب مثلا على المحاضرات التي سبق تسجيلها على أفلام الفيديو.

5. **استخدام الكمبيوتر في المساعدة على أعمال التدريس** بهذه الوسيلة وقد شاع استخدام هذا التعبير لفترة طويلة للدلالة على استخدام الكمبيوتر في أغراض التدريس، وقد تجاوز الكمبيوتر مرحلة المساعدة في أداء بعض الوظائف على بعض العمليات الحسابية أو التعرف على الكلمات أو الصور أي اعتباره المصدر الأساسي الذي تدور حوله عمليات التدريس وأصبح له دور رئيسي في عرض المادة العلمية. ⁽¹⁰⁴⁾

6. يسمح الكمبيوتر بالاستفادة من عدة وسائل تعليمية كما يمكن عرض الأفلام التعليمية والشرائح وتقديم التوجيهات بواسطة التسجيل الصوتي.

7. و يمكن استخدام الكمبيوتر في حل بعض المشكلات أو التدريب على بعض العمليات التعليمية واكتساب المهارات وفي توجيه الأسئلة والحصول على الإجابة الصحيحة وكذلك إتاحة فرص التعليم من تمثيل المواقف التعليمية عن طريق الكمبيوتر ⁽¹⁰⁵⁾. كما يعمل على الحد من التعامل اليدوي مع الملفات والسجلات. ⁽¹⁰⁶⁾

رابعا: الشبكة المعلوماتية واستخداماتها

تمهيد:

يعتبر نظام الانترنت أو شبكة المعلومات من أحدث تكنولوجيا الاتصال الجماهيري التي تختتم بها البشرية القرن العشرين، ليضيف إلى محصلة الإنتاج الاتصالي المتطور والمستمر تكنولوجيا متطورة، ظهرت على وجه الخصوص خلال السنوات الأخيرة من هذا القرن، كما تعكس في الوقت ذاته قدرة العقل البشري على عمليات التحديث والتجديد والتطوير المستمر و التطلع إلى تكنولوجيا متطورة و معقدة، وهذا ما يتمثل في نظام الانترنت

الذي جمع بين جل الوسائل الاتصالية والإعلامية المختلفة. كما توفر على الإنسان عامل الوقت والجهد والتكاليف، كما يستخدم في مجالات مختلفة منها الإعلان والدعاية والأخبار والمعاملات المتنوعة وباختصار يمكن أن نقول أن نظام الانترنت يعطينا صورة واضحة عن مدى استمرارية وسعي ونشاط الجنس البشري لاكتساب واقتناء المزيد من تكنولوجيا الاتصال والمعلومات وجعلها أكثر فعالية وكفاءة وفائدة للجميع، ماذا ينتظرنا بعد كل هذه الاكتشافات المتسارعة والمتلاحقة والتي لا تعترف بالمبادئ والقيم والأخلاق وإنما في تقدم مستمر وسريع جدا. ومن يريد مواكبة هذا التطور السريع ما عليه إلا التقدم وتطور البحث العلمي وتشجيع العلماء والمفكرين على الإبداع وإلا فإن الركب سوف لن ينتظرنا على حد قول: " **فرانك كيلش** " [107] بإمكاننا أن نواجه الفجر منتظرين شروق الشمس حتى ننال نصيبنا من دفء أشعتها وقد ننام النهار بطوله".

1- ماهية شبكة الانترنيت وخصائصها:

أ- تعريف شبكة الانترنيت:

إن كلمة **انترنيت** لم تكن معروفة في اللغة الانجليزية من قبل بل نشأت نتيجة إدخال السابقة INTER التي تشير إلى العلاقة البينية بين شيئين أو أكثر وكلمة NET تعني الشبكة لتعكس حقيقة أن الانترنيت هي شبكة واسعة تربط بين عديد من الشبكات المحدودة. [108]

وأصل كلمة INTERNET هي كلمة لاتينية وبشكل أدق هي كلمة انجليزية تتكون من جزأين، الأول:INTER وتعني "بين" والثاني: NET و تعني "شبكة" لذلك فكلمة الانترنيت تعني "الشبكة البينية"، ونستوحي من هذا الترابط بين عدد من الشبكات. و بالفعل فالشبكة هذه تشمل عددا كبيرا من الشبكات المترابطة فيما بينها في جميع أنحاء العالم. [109]

إذن: فشبكة الانترنيت أو شبكة المعلومات الدولية هي: شبكة للاتصالات أنشأتها (الو م أ).

و **الانترنيت** هي مجموعة ضخمة من شبكات الاتصال المرتبطة ببعضها البعض، وهذه المجموعة تنمو ذاتيا بقدر ما يضاف إليها من شبكات وحاسبات، وقد أدى تغلغلها واتساع مداها إلى وصفها بشبكة الشبكات، وخاصة أنها تضم ثلاثة مستويات: في القمة تتربع شبكات الأساس أو العمود الفقري المتمركزة في الولايات المتحدة الأمريكية، تليها الشبكات المتوسطة بالجامعات والمؤسسات الكبرى، ثم الشبكات الصغرى كالشبكات المحلية والحاسبات بالشركات وحتى لدى الأفراد.

إن تعريف شبكة الانترنيت بشكل دقيق صعب المنال لارتباط أي تعريف لها بحقل علمي وبطريقة الاستخدام، ذلك أنه يمكن استخدامها على أنها شبكة اتصالات في إرسال واستقبال البريد الالكتروني Electronic كما يمكن استخدامها لعقد اجتماعات عن بعد Teleconferencing، كما يمكن استخدامها في تبادل ونقل الملفات والبرامج مثلما تسمح أيضا باستخدامها لإنشاء و تبادل الآراء أو بحث موضوع ذي اهتمام مشترك بين مجموعة من المستفيدين Group Discussion.

واشتق اسم الانترنيت من الكلمة الانجليزية net التي تعني شبكة، وقد انتقل معناها الدلالي من حقلها المعجمي إلى تكنولوجيا الاتصال والمعلومات التي تعني شبكة المعلومات، وهي لا تعني العالمية لمصطلح international net work و إنما تعني Inter Com Net Work Nexion أي الترابط بين الشبكات. و يعرفها مؤيد عبد الجبار الحديثي بقوله: "**الانترنيت** مجموعة من شبكات الاتصالات المرتبطة ببعضها و لا يحكمها كيان واحد بمفرده، وإنما يدير كلا من مكوناتها مؤسسات عامة

وخاصة هي أكبر من مجموع أجزائها وتشمل كنوزا ضخمة من الموارد في حواسيب الانترنيت (و هي تضم ثلاثة مستويات من الشبكات تتربع على: شبكات الأساس أو العمود الفقري المتمركزة في الولايات المتحدة، تليها الشبكات المتوسطة بالجامعات والمؤسسات الكبرى، و تمثل مصدرا هائلا للمعلومات المختلفة لملايين البشر في شتى أنحاء العالم فرصة التواصل من خلال تزاوج وتكامل تكنولوجيا الاتصالات و الحاسبات)[110].

ب- الفرق بين الأنترنيت و الإنترانت و الإكسترانت , Extranet, Intranet Internet

في الوقت الذي انتشرت فيه الانترنيت انتشارا كبيرا في نهاية التسعينيات وعرفت الشبكات المعلوماتية تطورا مذهلا، لاح في الأفق ميلاد شبكة جديدة تسمى شبكة الإنترانت. (و بدأ استخدام هذه الشبكة الجديدة على نطاق واسع وأصبحت بالنسبة لعديد من الشركات المحور والعمود الفقري لسير العمل داخليا، والمقصود "بالانترانت" هي الشبكة الداخلية التي لا تتعدى حدود الشركة الواحدة، والتي لها معظم خصائص الانترنيت ولكن لا تتسم بأية علاقات مع أطراف خارجية ولا تتعدى حدود العلاقات الداخلية بين أفراد الشبكة الواحدة وهي مبينة على نفس نظام البريد الالكتروني المعروف وإن كان مقصورا فقط على عمليات الاتصالات بين أفراد الشركة سواء كانوا في المبنى نفسه أو في بلدة أخرى)[111].

و يعتبر هذا المصطلح (جديدا، و يعني الشبكة الداخلية والشبكة الشخصية الفعلية، والانترانت ببساطة هي تطبيق للأعراف والتقنيات التي توظفها الانترنيت، ولكن على نطاق شبكة خاصة بمؤسسة أو شركة، وتتميز هذه الدوائر بأنها تعطي مظهرا منتظما لقواعد بيانات العملاء وملفات الاتصال ومعلومات المنتجات، مما يعني أنها أسهل استخداما من قبل الموظفين، وبهدف بناء المؤسسات لتسهيل تسيير أعمالها

اليومية).⁽¹¹²⁾ ورغم أن شبكة الانترانت عرفت انتشارا كبيرا في أوساط المؤسسات والشركات، لكونها أحدث وأسرع وأدق طريقة لتبادل المعلومات داخل المؤسسات، فقد عاب البعض استقلالية نظام الانترانت وبعده عن الأطراف الخارجية، في حين رأى البعض الآخر أن نجاح مشروع ما لن يأتي إلا بعلاقة متواصلة واتصال دائم مع موزعيه وعملائه.

و لإزالة عيب استقلالية الانترانت (كانت لابد أن تتسع لتشمل أطرافا خارجية قد تكون لصيقة بالمؤسسة والمؤسسة بنفسها بالاطلاع على هذه البيانات و هذا عالم جديد تحتم ظهوره وهو عالم "الاكسترانت" Extranet والتي هي نتاج لتزاوج كلا من الانترنيت والانترانت وتعني خلق علاقة جديدة بين المؤسسات وبين عملائها وشركائها ويمكن عد الاكسترانت حلقة وصل بين الأنترنيت العامة وبين الانترانت الخاصة، فهي تسمح لشركاء أعمال المؤسسة بالمرور عبر الحوائط النارية Fire Walls التي تمنع ولوج الدخلاء Intruders والوصول لبيانات المؤسسة أو على الأقل جزء منها وهكذا يمكن القول أن الإكسترانت يمكن النظر إليها على أنها ذلك الجزء من الانترانت والذي امتد للمستخدمين من خارج المؤسسة وحواجز الشبكات لخدمة الأعمال وبين شركاء الأعمال).⁽¹¹³⁾

ج- خصائصها

1. **التفاعلية:** هي "نظام يربط بين مصادر الأخبار والمعلومات وبين المستخدمين في المنازل والمؤسسات يمكن من خلاله تبادل التأثير والتفاعل بين المصدر والمستقبل ويتم هذا الربط بين العرض المرئي وبين الكلمة المطبوعة.⁽¹¹⁴⁾

و يمكن تعريفها على أنها: "الجهود المخططة في تصميم مواقع الوسائل الإعلامية الجديدة وبرامجها ومحتواها، التي تسمح للمتلقي بأكبر قدر من المشاركة في عمليات الاتصال والاختيار الحر من المحتوى والخدمات المتاحة على شبكة الانترنيت بقدر حاجاته وتفضيله واهتمامه.⁽¹¹⁵⁾

تعتبر التفاعلية أهم خاصية لشبكة الانترنيت وهي التي تميزها عن وسائل الاتصال والإعلام الأخرى والتي ليس لها مجال للتفاعل بل هي وسائط لنقل الرسائل للمتلقي، أما شبكة الانترنيت فالمجال فيما لا متناهي للاستقبال أو التلقي والمناقشة والرد وتعديل الرسائل وإعادة الإنتاج وحرية الاتصال مع من شاء في أي موضوع وفي أي زمن شاء.

ويمكن **تعريف التفاعلية** بـ: الجهود المخططة في تصميم مواقع الوسائل الإعلامية الجديدة وبرامجها ومحتواها، والتي تسمح للمتلقي بأكبر قدر من المشاركة في عمليات الاتصال والاختيار الحر من المحتوى و الخدمات المتاحة على شبكة الانترنيت بقدر حاجاته وتفضيله واهتمامه.[116] فالتفاعلية هي الخاصية المميزة لشبكة الانترنيت ذلك أن المتلقي لن يكتفي بدور المتلقي السلبي، بل سيتفاعل على هذه الوسيلة تفاعلا ايجابيا ويصبح قادرا على تحديد محتوى الرسالة الإعلامية، و توقيت تلقيها، وبذلك قضت على مركزية وسائل الإعلام والاتصال، كما عملت الأقمار الصناعية على لامركزية البث التلفزيوني.[117]

ورغبة من الوسائل الإعلامية في تجاوز مفهوم الاتصال الخطي ومحاولة إثارة دافعية المتلقي للتفاعل فإن جهودا حثيثة كان يبذلها القائمون على هذه الوسائل محاولة لدعم نظام الاتصال في اتجاهين. وتفاعل الملتقي مع الوسائل الإعلامية أو القائم على الاتصال، للاقتراب من فكرة المشاركة والتفاعل. ومن أمثلة ذلك: أبواب بريد القراء في الصحف أو المساحات المعدة للتعليق Comment أو الاستطلاعات للقراء، بالإضافة إلى المحاولات الأولى في التلفزيون منذ الخمسينات لإثارة الأطفال على المشاركة والتفاعل في برنامج Winky Dink الذي يطلب من الأطفال الرسم على الشاشة

بأدوات خاصة للمساعدة في الخروج من المأزق الذي يتعرض إليه Winky في هذه الحلقات.

و كذلك ما وفرته البرامج الحوارية Talk Show في الراديو والتلفزيون من اتصالات المستمعين والمشاهدين بالهاتف أثناء عرض البرامج للمداخلة بالرأي والمشاركة في الحوار، ومع الاعتراف بهذه الجهود الحثيثة غير أنها لم ترق إلى التفاعلية الكبيرة.(118)

إن التفاعلية بمعناها الحقيقي، مع الوسيلة أو المحتوى أو القائم بالاتصال برزت وظهرت بشكل كبير على شبكة الانترنيت أكثر من وسيلة أخرى، نتيجة الحرية الكبيرة في المشاركة فيها والمساهمة لأن المستخدمين والفاعلين فيها سواسية لأنها ليست ملكية لأحد وليس هناك نظام أو منظمة واحدة تتحكم فيها.

"لقد عززت التفاعلية مع شبكة الانترنيت من المفهوم الرئيسي للمستخدم النشيط الذي تقوم عليه نظرية الاستخدامات و الإشباعات إذ يشير المفهوم إلى تبادل الأدوار بين القائمين بالعملية الاتصالية وفق درجة عالية من السيطرة والتحكم، قوامه تعدد فرص المشاركة والاختيار المتاحة أمام المستخدم، وحجم الجهد الذي يبذله المشارك في العملية الاتصالية من أجل الحصول على المعلومات. ومناقشتها و تحليلها والرد عليها".(119)

و بفصل نموذج الإعلام الرقمي على شبكة الانترنيت أضحت التفاعلية نظاما أكثر قدرة على تنمية مشاركة المستخدم و تحقيق درجة عالية من التحكم في الاتصال، و المشاركة و النشر الفوري في الشبكة سواء في منتديات النقاش أو تحرير مقال و إرساله مباشرة عبر البريد الالكتروني.(120)

ولنتعرف على المعنى الحقيقي للتفاعلية لا بد أن تتوفر فيها سمات معينة منها:

- أن التفاعلية سمة طبيعية في الاتصال الشخصي وسمة مفترضة لوسائل الإعلام وخاصة الانترنيت، فالجمهور على الشبكة ليس مجرد مستقبل للرسائل وإنما مرسل لها في الوقت ذاته الأمر الذي يحقق مستوى مرتفعا من التفاعل.

- يجب التمييز بين التفاعلية في الاتصال الشخصي المتمثلة في رجع الصدى والتفاعلية كمفهوم حديث مرتبط بتكنولوجيا الاتصال الحديث والمتمثلة في الاتصال عبر الانترنيت.

- التفاعلية قد تكون تزامنية أو غير تزامنية، فالدردشة مثلا أداة تفاعلية تزامنية يشترط فيها وجود طرفي الاتصال (المرسل والمستقبل) في أن واحد، أما البريد الالكتروني فهو أداة تفاعلية غير تزامنية لا يشترط فيها وجود طرفي الاتصال في آن وحد.

(التفاعلية اتصال تبادلي ذو اتجاهين من المرسل إلى المستقبل و من المستقبل إلى المرسل.

فهو اتصال يصعب فيه التمييز بين المرسل والمستقبل.

- الاستجابة هي جوهر الاتصال التفاعلي وبدونها لا يتم التفاعل.

- سيطرة المستقبل في العملية الاتصالية شرط من شروط التفاعل، فالمستقبل يستطيع في ظل تكنولوجيا الاتصال التفاعل بتغيير أو تعديل شكل و مضمون الرسالة الاتصالية الموجهة إليه من المرسل، كما أن المستقبل يمكنه اختيار الموضوع المناسب له من بين البدائل المتعددة التي يتم عرضها عبر شبكة الانترنيت علاوة على قدرته على تبادل الرسائل مع المرسل والتعرض للمحتوى الاتصالي في الوقت الذي يلائمه.

- ضرورة إدراك المشاركين للتفاعلية أي أن يدركوا أن الهدف من الاتصال هو التفاعل وليس الإقناع.

- التفاعلية خاصية الوسيلة، فالوسيلة التفاعلية تتيح للمستقبل فرص التفاعل مع المرسل ومع المضمون في آن واحد).[121]

- أشكال التفاعلية: تتخذ التفاعلية على شبكة الانترنيت أشكالا عدة:

■ التفاعل مع الوسيلة: (يقدم الاتصال عبر الحاسبات أشكالا عديدة من التفاعلية مثل البحث عن المضامين وإتاحة رد الفعل أو رجع الصدى والمواقع الإعلانية بالمقارنة مع الوسائل الإعلامية المطبوعة والمذاعة، فان مستخدمي الانترنيت يسهل عليهم الاتصال بالقائمين بالاتصال من خلال قوائم البريد الالكتروني ذات الوصلات القائمة للمحررين والمخرجين.

و اليوم وبالإضافة للبريد الالكتروني تقوم المواقع الإخبارية الالكترونية تجريب أساليب مختلفة لقنوات رد الفعل مثل الخطابات الالكترونية بتجريب أساليب مختلفة لقنوات رد الفعل مثل الخطابات الالكترونية إلى المحررين وغرف الحوار الحي واللوحات الإخبارية وندوات النقاش والأسئلة الموجهة للخبراء).[122] و يلعب دور المستخدم دورا كبيرا في عملية الاتصال و قدرته على المشاركة على الواسطة أو الوسيلة و التأثير عليها بالتفاعل مع الأجهزة بما يحق تلبية اختياراته والمشاركة مع القائم بالاتصال في بناء المحتوى وتقديمه، والقدرة على التجول الحر في المحتوى والاختيارات المتجددة.

■ التفاعل مع المحتوى: يتوفر المحتوى المعروض على شبكة الانترنيت على اختيارات تكون ذات معنى أو بينها ارتباطات معينة تتيح للجمهور الاستفادة من إمكانية التفاعلية التي يتيحها النشر الفوري فالمستخدم مغرم بالاكتشاف أكثر من كونه مجرد متلقي سلبي يستقبل المعلومات وكلما تفاعل المستخدم مع المضمون كلما

- زاد اندماجه فيه وتأثره به، بل انه كلما زادت وتنوعت أشكال المشاركة وتبادل الآراء بين مستخدمي أحد المواقع الذي يتيح لهم ممارسة الدور الايجابي في الاتصال.

كما تؤثر التفاعلية في تقديم المادة العلمية واستخدام المادة الإعلامية التفاعلية حسب اهتمامات وخبرات المستخدمين المتنوعة بمعدلات أعلى في الفهم و الإدراك والتذكر واستقبالها بشكل متتابع تقليدي سيكون فيه المتلقي سلبيا).[123]

- **التفاعل مع الفاعلين والمستخدمين:** إن القدر الكبير من الحرية و الاختيار والتجول على شبكة الانترنيت، دعمت بروز التفاعلية بين المستخدمين للشبكة فيما بينهم وبين الفاعلين فيها، حيث عمقت الشبكة من الاتصال التفاعلي بين المستخدمين من أجل التعرف على أداء ومقترحات الأساتذة والدارسين والمتخصصين في مختلف مجالات العلم والثقافة والفنون والخدمات فيتبادلون المحادثات والنقاش فيما بينهم فيكون المستخدم متلقيا تارة ومصدرا تارة أخرى، وكلما كان المستخدم قادرا على طرح الأسئلة و الاستفسارات وطلب المعلومات، فإن مستوى استقباله وإدراكه لها سوف يكون أعلى وهذا هو المحور الأساسي الذي تعتمد عليه التفاعلية في كل مرة يلجأ إليها المستخدم في التعامل مع الآخرين والمادة والتحكم فيها و يكون مدفوعا بسؤال ويريد الإجابة عليه من خلال الاتصال والتبادل والإعلام وضرورة تحقيق الوصول إلى المرونة الزمنية في الاتصال و التي تتراوح بين التزامنية و اللاتزامنية حتى يصبح اتصالا تفاعليا.

(و من خلال أشكال التفاعلية السابقة يمكن أن نلاحظ عدد من المفاهيم والخصائص التي ارتبطت بمفهوم التفاعلية وعلاقاتها بكل من المتلقي والمحتوى والقائم بالاتصال و المشاركين الآخرين بالإضافة إلى الوسيلة ذاتها)[124].

د - الجمهور المجزأ: و هي الخاصية الثانية لشبكة الانترنيت "ومعنى الجمهور المجزأ إمكانية القائم بالاتصال أن يصل برسالته إلى جماهير عديدة كل منها يمثل قطاعا متجانسا في داخله، بخلاف الحال مع وسائل الاتصال الجماهيري التقليدية التي تصل إلى جمهور عام متباين وغير قادر على الاتصال المباشر والفوري مع القائم بالاتصال أو بأعضاء آخرين في الجمهور نفسه"[125].

(لا نبالغ إذا قلنا أن التفاعلية الكبيرة على شبكة الانترنيت ، والارتقاء بدور المتلقي إلى مستوى المشاركة بنسبة كبيرة في العملية الإعلامية والاتصالية، بعد أن ساد اتجاه وسائل الاتصال والإعلام حتى عشر سنوات مضت إلى تجزئ جمهور وسائل الإعلام Dymassification لكن هذا الاتجاه تغير الآن إلى فردية أو تفريد هذا الجمهور Individiality أو التفصيل Custmization لتلبية حاجات الأفراد المتلقين حسب اهتماماتهم وتفضيلا تهم التي يرصدها القائم بالاتصال في مختلف المواقع ، وبالتالي كان عليه أن يوفر من المحتوى ما يسمح للمتلقي بالاختيار من بين صنوف المحتوى المختلفة)[126].

و نظرا لثراء الشبكة بالمعلومات والصور في مختلف المواقع الالكترونية فان الفرد ينتقي المواقع والمضامين التي هو بحاجة إليها، وليس كل الأفراد لديهم نفس الاهتمامات والإشاعات.

هـ- التزامنية: و التزامنية تعني أن الاتصال على الشبكة يتميز بالتجديد والحداثة والحالية بدرجة تفوق حداثة الوسائل الاتصالية الأخرى، و تتجلى هذه الخاصية في الأنماط الاتصالية العديدة على الشبكة كالتخاطب الفوري Chalting حيث يمكن المستخدم من التحاور مع كاتبه أو إرسال رسالة إليه

و انتظار الرد عليه فورا و هذا يعطي تفاعلا كبيرا للعملية الاتصالية- أي يضفي عليها سمة الفورية والمباشرة" [127]

و كذلك المشاركة في منتديات النقاش والحوار يتطلب الحضور الفوري للمستخدم زمن العملية الاتصالية فيتلقى الرسائل والأفكار من المشاركين في المنتدى، فيقرأها ويرد عليها من وجهة نظره، ويستمر النقاش مدة طويلة يكون المتلقي حاضرا بكل حواسه وجوارحه يتابع كل مضمون يعرض أمامه.

و - اللاتزامنية: ASYNCHRONEITY:

(و يشير هذا المفهوم إلى إمكانية الإرسال والاستقبال عبر الوسيلة الاتصالية في الوقت الذي يناسب ظروف طرفي العملية الاتصالية، أي أن المرسل والمتلقي لديه إمكانية إرسال واستقبال وتخزين واستدعاء المعلومات من الوسيلة في الوقت الذي يراه ملائما له). [128]

"وتكون اللاتزامنية في بعض الخدمات مثل البريد الالكتروني إذ يمكن للمستخدم إرسال واستقبال رسائل في غير أوقات إرسالها ويتم الاحتفاظ بها في صندوق البريد الخاص به INDOX لحين دخوله إليه، و يستطيع المستخدم تأجيل إرسال رسالة لتصل إلى المرسل إليه في موعد محدد". [129]

2- التطور التاريخي لشبكة الأنترنيت:

قبل أن أتحدث عن المراحل التي مرت بها شبكة الانترنيت و تطورها، لا بد من الحديث أولا عن أصول الفكرة أو المنطق الحقيقي لإنشاء هذه الشبكة، "فقد ارتبطت بداية فكرتها بتكنولوجيا الأقمار الاصطناعية، وكانت وكالة الفضاء والطيران الأمريكي "النازا" تراقب الأرض بتمعن ودقة وتفرد لها مبادرة خاصة هي مشروع الأرض، تجمع المعلومات عبر الأقمار الصناعية المتخصصة في الرصد العلمي للكوكب، وكذلك طائرات المسح والساحات الفضائية المختلفة، وتساهم فيها الوكالة الوطنية

الأمريكية حول المحيطات والغلاف الجوي Noua، وتختص مهمتها في مراقبة المحيطات والغلاف الجوي وأحواض البحار.(130)

و انطلاقا من هذا الانجاز المحقق من طرف العلماء وحصولهم على معلومات جمة، فكروا في إنشاء شبكات معلوماتية عالمية، ويرجع أول تاريخ مدون لفكرة "التشبيك" أو إقامة شبكة اتصال بين كمبيوترات متباعدة إلى عام 1962، بعدها تجلى للانترنيت عهد جديد.

أ- انتشار شبكة الانترنيت في العالم: وقد مر تطور شبكة الانترنيت عبر ثلاث حقب أو مراحل:

1. مرحلة البنتاغون: (1969-1980)

إن بداية استخدام شبكة الانترنيت كانت في سنة 1969 وكانت تسمى وقتئذ "أربانت" Arpanet وكانت مقصورة على دوائر حكومية عالية السرية بالولايات المتحدة الأمريكية، وتدعمها وزارة الدفاع الأمريكية، وكان الهدف منها هو إجراء تجارب لإنشاء شبكة الربط بين مراكز أبحاث ومحطات استطلاع وتحكم بالأسلحة النووية، في عدد من ولايات أمريكا والشرط الرئيسي، كان استمرار عمل الشبكة وعدم توقفها، في حالة وقوع هجوم نووي على الو م أ، ونجحت وكالة الأبحاث المتقدمة في إنشاء واستخدام بروتوكول لتنظيم حركة نقل وتبادل المعلومات، بين أجهزة الحاسب الآلي المختلفة وهو ما سمي بـ:

IP- بروتوكول الانترنيت.

ICP- البروتوكول المتخصص للاتصال.(131)

إذن نقول أن: "شبكة الانترنيت نشأت في ظل التحولات الإستراتيجية التي اتخذتها القيادة العسكرية الأمريكية الممثلة بوزارة الدفاع إبان الحرب الباردة بين المعسكرين الشرقي والغربي، وذلك تحسبا من احتمال تدمير

أي مركز من مراكز الاتصال الحاسوبي المعتمدة بضربة صاروخية سوفيتية، مما سيؤدي إلى شلل الشبكة الحاسوبية بكاملها وحرمان القيادة العسكرية الأمريكية من الإسناد المعلوماتي، فقامت الحكومة الأمريكية بإنشاء الشبكة أربانت وربطت وزارة الدفاع الأمريكية بين أربعة معامل أبحاث حيث يستطيع العلماء تبادل المعلومات والنتائج، وقامت بتخطيط مشروع شبكة اتصال من حواسيب، يمكنها الصمود أمام أي هجمة سوفيتية محتملة، بحيث إذا تعطل جزء من الشبكة تنجح البيانات في تجنب الجزء المعطل، وتصل إلى هدفها.(132)

وتميزت مرحلة البنتاغون بالسرية التامة، وتمويل الأبحاث العلمية ابتداء من أول بحث نظري حول نقل الحزم الرقمية إلى أن وصل إلى نقطة التحول النوعي في الثقافة المعلوماتية التي أعقبها تحويل كل أنواع المعلومات والصور، الأصوات، الكلمات، الأفلام، والبيانات إلى اللغة الرقمية عبر البرمجة مما يعني نقلها وتداولها بين كمبيوترات متباعدة إلى الأرض.(133)

2. مرحلة العلماء و الأكاديميين: (1980-1988)

بعد النجاح الباهر لهذا النظام في ربط الاتصال بين مختلف الحاسبات الرئيسية المتوسطة، بدأت الجهات الأكاديمية من جامعات ومعاهد في الارتباط بهذه الشبكة لتبادل المعلومات العلمية التي تخدم الباحثين بالدرجة الأولى، نشأت عدة شبكات ارتبطت بـ: أربانت باعتماد البروتوكول نفسه، والتي أنشأتها المؤسسة الوطنية للعلوم بأمريكا و اتسع ارتباطها بمعظم مناطق الولايات المتحدة من جامعات ومعاهد أكاديمية.(134)

ثم توسعت الشبكة في الولايات المتحدة وربطت بجامعات في كندا و بريطانيا، وشبكات أخرى في فرنسا و اليابان.

"وساهمت أوربا بممرات للنقل السريع مثل Nord Net لغرض توفير إمكانيات وبسط أكثر من مائة ألف حاسوب متفرقة عبر عدد كبير من الشبكات".[135]

و من هنا أضحى الكثير من الباحثين ينشرون بحوثهم ودراساتهم على شبكة الانترنيت ويشركون عناوينهم وأرقام هواتفهم مما فسح المجال للمناقشة مع طلبة العلم وأرسى نوعا من التقارب وتبادل الخبرات العلمية.

"أن كل شيء مطبوع و يمكن إدخاله في شبكة الانترنيت في الولايات المتحدة مثلا تدخل أكثر من 45 ألف كتاب والتي تصدرها كل سنة وأكثر من 1500 صحيفة و3700 دورية تتناول مختلف المجالات والقطاعات، 250 دورية للمهندسين فقط. واليابان تدخل سنويا عبر الانترنيت40 ألف كتاب جديد تصدر سنويا في اليابان مما جعل لانترنيت أكبر مكتبة في العالم".[136]

3. مرحلة الانترنيت الجماهيرية:

وبدأت هذه المرحلة مع بداية التسعينيات حيث وصلت الانترنيت إلى العالمية التي بإمكان الجمهور أن يشترك فيها من جميع أنحاء المعمورة.

"و بمرور الزمن بدأ الناس أكثر فأكثر يربطون حاسباتهم بعضها ببعض مع شبكة الانترنيت، وفي مرحلة ثانية بدأو في ربط حاسباتهم بالقطاع الصناعي الذي ينتج الحاسبات والبرامج التي تستخدم لدعم المهام العالمية والبحثية وعلى مدار عشرين عاما قدمت هذه الشبكة خدمات جليلة لأسرة البحث العلمي وكانت تنمو بشكل مضطرد في كل عام.

بينما خطا الناس خطوات خارج نطاق المؤسسات الكبيرة و التي تم توصيلها بالشبكة في وقت مبكر إلى مؤسسات صغيرة والتي زاد عددها وأصبحت تستقبل المزيد من العلماء والباحثين".[137]

وعرفت هذه المرحلة تطورا سريعا لشبكة الانترنيت وتطوير برامج الخدمة مثل: Mosaic و أصبح الكل يتسابق لشراء الحاسوب وربطه بالشبكة واكتشاف هذا العالم الفسيح، و يرجع ذلك الإقبال إلى الحرية التامة التي يجسدها المستخدمون والمتعاملون مع شبكة الانترنيت.

"و في عام 1993 حدث شيء جديد، إذ خرج من معطف الانترنيت أجنحة للوسائط المتعددة، وهي عبارة عن مجموعة من مستلزمات البرمجة أو البرامج الخاصة، ووسيلة لتجميع الوثائق معا مما يتيح لمستخدمي هذه الوسائط التجول عبر الشبكة وأن يشاهد كل ما فيها الصوت والصورة والفيديو، بمجرد توجيه **الفأرة** و الضغط عليه، وهنا انبثق نور جديد، إذ لم تعد الانترنيت مجرد وسيلة لإرسال واستقبال البريد الالكتروني و نقل البيانات عبر الشبكات الحاسوبية بل أصبحت بمثابة مكان يعج بالناس والأفكار يستطيع زيارته والتجول في جنباته، وهو ما يعرف بعالم الواقع الافتراضي لقد كانت هذه الشبكة تعتمد على بث المعلومات ونشرها، ولكن أضيف إليها بُعد جديد هو التفاعل". [138]

و يمكن القول أن انتشار الانترنيت بشكل واسع بدأ في عام 1993 رغم أنها كانت موجودة منذ أكثر من عقدين من الزمن، وحتى وسائل الإعلام أصبحت تتحدث عنها بصوت عال. باعتبارها وسيلة جديدة ومتطورة يمكنها أن تغير من حياة العالم في مجال الاتصالات وسبق المنظمات الصغرى والمصالح التجارية وحتى الأفراد بها، من خلال آلاف الشبكات حول العالم ويصل عدد الشبكات التي تحتويها إلى 95 ألف شبكة. [139] و في نهاية عام 1996 بلغ عدد الدول المستقلة بالانترنيت 170 دولة، وبينت الدراسات أن عام 1998 سيشهد دخول الانترنيت إلى جميع دول العالم، وكان عدد المواقع المنتجة في بداية عام 1997م 35 موقعا، لكن تضاعفت عشرات المرات لتصل إلى 350 موقعا.

نهاية عام 1998، فقد ازداد عدد المشتركين في الانترنيت من 38 مليون مستخدم عام 1994 إلى 100 مليون مستخدم بداية من 1998، و من المتوقع أن يقفز عدد المشتركين في الانترنيت من 100 مليون نسمة عام 1998 إلى 320 مليون مستخدم في نهاية عام 2002.[140]

إذن نقول أن الانترنيت نسجت خيوطها كالعنكبوت، و أغلب الأفراد علقوا بشباكها، فراحوا يشترون العتاد ويرتبطون بها، لما وجدوا فيها من معلومات جمة في شتى المجالات، و وجدوا فيها مساحة واسعة لإبداء الرأي ونشر أفكارهم دون قيد أو شرط وأضحى الأفراد يتصلون ببعضهم البعض من مختلف الأقطار دون حواجز أو قيود، ووصلت بذلك الانترنيت إلى مرحلة العالمية.

ب- انتشار شبكة الانترنيت في الجزائر: ارتبطت الجزائر بشبكة الانترنيت لأول مرة سنة 1993 عن طريق مركز البحث في الإعلام العلمي والتقني بواسطة خط هاتفي متخصص Dialup وتم هذا الارتباط في إطار اتفاقية التعاون المبرمجة مع اليونسكو، حيث أقامت الجزائر الربط الكامل مباشرة من ايطاليا عبر البحر بخط تقدر سرعته بـ: 9600pts حرف ثنائي في الثانية ويندرج ذلك ضمن إقامة مشروع في إطار إقامة شبكة معلوماتية في إفريقيا تكون فيها الجزائر ممثلة المركز أو النقطة المحورية، وبطبيعة الحال فإن استخدامها آنذاك كان مرتكزا على المختصين والباحثين العلميين فقط عن طريق الاتصال بمنافذ خاصة.

و في عام 1995 تم توسيع رقعة الاستخدام للمستعملين بغية تعميم انتشارها تدريجيا، فارتفعت بذلك سرعة الخط من pts9600 إلى pts256000 واستمر الرفع من قدرات الخط لاتساع عدد الأفراد

و المؤسسات الراغبين في خدمات الانترنيت، وفي عام 1998 و بموجب اتفاقية بين مركز البحث في الإعلام العلمي والتقني وهيئة Net Sat الأمريكية لربط هذا المركز بشبكة الانترنيت بصفة مباشرة وذلك بتشغيل محطة اتصال جديدة عن طريق الأقمار الصناعية، ونظرا لازدياد عدد المشتركين في شبكة الانترنيت عمد مسؤولو هذا المركز في سنة 1999 إلى تطوير هذا الربط لتبلغ طاقته 2 ميجابايت في الثانية وبفضل هذا الخط الجديد تم ربط كل من ورقلة، تلمسان، عنابة ثم باتنة و قسنطينة، أما في عام 2000 فقد وصلت سعة الخط إلى 5 ملايين pts. [141]

و لقد وضعت الدولة تسهيلات كبيرة للمواطنين الذين يرغبون في الاستفادة من خدمات شبكة الانترنيت في المنازل ابتداء من سنة 2004، إذ يكفي للمواطن أن يمتلك خط هاتفي ثابت قيد، وطلب إلى الجهات الوصية (البريد والمواصلات) وشهادة الإقامة On Mache الخدمة وعقد الاستفادة أو الترخيص يسلم للشخص أثناء دفع الملف وأعباء الخدمة إلى المؤسسة المكلفة بالربط بالشبكة.

وقد انتشرت الانترنيت المنزلية انتشارا واسعا بين الجماهير في الجزائر ورغم أننا لا نملك الإحصائيات الحقيقية عنها خاصة بعد ظهور خدمات جديدة وسريعة لتكنولوجيا البريد والمواصلات مثل: ADSL/جواب/فوري.

1- البنية التحتية للانترنيت في الجزائر

سعت الجزائر إلى الاستفادة من خدمات شبكة الانترنيت والتقنيات المرتبطة بها من خلال ارتباطها بشبكة الانترنت في شهر مارس سنة 1994 عن طريق مركز البحث و الإعلام العلمي والتقني Cerist الذي أنشئ في شهر مارس 1986 من قبل وزارة التعليم العالي والبحث العلمي

وكان من مهامه الأساسية آنذاك هو العمل على إقامة شبكة وطنية وربطها بشبكات إقليمية و دولية. [142]

عرفت الجزائر منذ 1994 تقدما ملحوظا في مجال الاهتمام والاشتراك والتعامل مع الانترنيت، فقبل هذه السنة كانت الجزائر مرتبطة بالانترنيت عن طريق ايطاليا في إطار مشروع تعاون مع منظمة اليونسكو بهدف إقامة شبكة معلوماتية في إفريقيا تسمى: Rinaf [143] و تكون الجزائر هي النقطة المحورية للشبكة في شمال إفريقيا.

وفي سنة 1996 وصلت سرعة الخط إلى 64 ألف حرف في الثانية يمر عن طريق العاصمة الفرنسية باريس، وتم في نهاية 1998 ربط الجزائر بواشنطن عن طريف القمر الصناعي بقدرة 1 ميغابايت، (Meg Bytes) و في مارس 1999 أصبحت قدرة الانترنيت في الجزائر بقوة 2 ميغابايت في الثانية، وتم إنشاء أكثر من 30 خطا هاتفيا جديدا من خلال نقاط الوصول التابعة للمركز والمتواجدة عبر مختلف ولايات الوطن (الجزائر العاصمة، سطيف، ورقلة، وهران و تلمسان...) و المربوطة بنقطة خروج وحيدة هي الجزائر العاصمة.

و قدر عدد الهيئات المشتركة في الانترنيت سنة 1996 في الجزائر بحوالي: 130 هيئة، و في سنة 1999 قدر عدد الهيئات المشتركة في الشبكة بـ:800 هيئة، منها 100 في القطاع الجامعي، 50 في القطاع الطبي، 500 في القطاع الاقتصادي و150 في القطاعات الأخرى.

وفي السنة نفسها 1999 كان لمركز البحث في الإعلام العلمي و التقني حوالي 3500 مشترك ولأن هناك تباين كبير بين عدد المشتركين ومستعملي الانترنيت في الجزائر، نظرا لانخفاض نسبة الاشتراك الفردي بالمقارنة مع نسبة اشتراك الهيئات (مقاهي الانترنيت، ميدياتيك،

مؤسسات...) بسبب ارتفاع تكلفة الربط بالشبكة، ويمكن تقدير أن هناك حوالي 180 ألف مستعمل للانترنيت حوالي 50 مستعملا لكل اشتراك. [144]

و يمثل هذا العدد نسبة أكبر بقليل من 01 في الألف من عدد مستعملي الانترنيت في العالم. [145]

وتعمل الجزائر جاهدة لتدارك تأخرها، فالجهة الوصية - وزارة البريد والمواصلات- وفرت خط اتصال أساسي للانترنيت BACK BON من الألياف الضوئية قدرته بـ34 ميغابايت/ثا قابل للتوسعة لغاية 114 ميغابايت لتمكن موزعي خدمات الانترنيت Providers وبعض مؤسسات الاتصال من الارتباط بالشبكة الدولية على أحسن وجه، فإدارة البريد والمواصلات شرعت في إقامة شبكة لتقديم خدمات الانترنيت كموزع للمؤسسات والأفراد، بحيث تستهدف شبكتها كل ولايات الوطن قدرتها تفوق 10000خط، ويتوقع أن يكون لها 100000مشترك، هذه الشبكة تتميز بضمها لمختلف الخدمات التي يوفرها الويب بالإضافة إلى الخدمات التي تتطلبها التجارة الالكترونية. [146]

والطريق نفسه سلكه مركز البحث و الإعلام العلمي و التقني عن طريق تقوية بنيته التحتية، حيث بدأ في مشروع يربطه بموزعه في الولايات المتحدة بخط سعته تصل إلى 30 ميغابايت/ثا وزودت المشتركين العوام بأكثر من 20 نقطة وصول الانترنيت، و43 خط متخصص لقطاع التعليم العالي والهيئات البحثية، و 48 خط متخصص لبقية القطاعات الأخرى، من بينها الموزعين الخواص، ويصل عدد خطوط الهاتف المستخدمة في الولوج إلى الشبكة بـ 2000 خط.

وحسب مصادر المركز فإن عدد المستخدمين في سنة 2001 بلغ 250000 مستخدم، منهم 20000 مشترك، وقد حضر المركز نفسه

لخوض غمار التجارة الالكترونية من خلال تنمية البرامج، وبناء المواقع التجارية أي تحضير البنية التحتية لهذا النوع من التجارة، ونذكر بأن هذا المركز هو الذي يشرف على إدارة وتسيير النطاق DZ.[147]

"و يساهم مركز البحث والإعلام العلمي و التقني بكل ثقله في تنمية شبكة الانترنيت، في بداية سنة 2001 انطلق المركز و بإيعاز من الوزارة الوصية في تشييد شبكة علمية على المستوى الوطني، يتم الولوج إليها من خلال الشبكة الدولية للمعلومات ويطلق على الشبكة اسم الشبكة الأكاديمية للبحث ARN، هدفها ربط جميع الجامعات الجزائرية وتزويدها بحاسبات موزعة Serveurs لاحتواء موقع الويب، بحيث يشتمل كل موقع على الأبحاث العلمية والمذكرات وما يتاح لدى المؤسسة الجامعية من دوريات وكتب ومجلات علمية، بقصد تبادل المعلومات بين الجامعات والهيئات والمراكز البحثية بالوطن، و تقديم الدروس عن بعد، لذلك عمد إلى إقامة دورات تدريبية لتكوين المكونين بمساهمة هيئات من خارج الوطن للإسراع في عملية التنفيذ[148]".

2- موزعي خدمات الانترنيت:

أ- شبكة الاتصال:DZ-PAC

وهي شبكة وطنية تتولى إدارتها والإشراف عليها إدارة البريد والمواصلات السلكية واللاسلكية، ووظيفتها نقل المعلومات والبيانات، كما أنها ترتبط بشبكة المعلومات الدولية وبنوك وقواعد ومعطيات، لكن أغلب الجماهير في الجزائر يجهلونها وقد يعود ذلك للإدارة الوصية ووسائل الإعلام لعدم التعريف بها والفائدة التي يمكن أن تجنيها المؤسسات الاقتصادية والمصرفية والإدارية.

ب- مركز البحث والإعلام العلمي والتقني: (CERIST)

كشفت الإحصائيات أن المستحوذ على أكبر نسبة من المشاركين هو CERIST والذي ينتشر بفروعه التابعة له في كل جهات الوطن باعتباره

مؤسسة تابعة للقطاع العام، وأنشئ هذا المركز في شهر مارس 1986 من قبل وزارة التعليم العالي والبحث العلمي، ومن مهامه الأساسية إقامة شبكة وطنية وربطها بشبكات إقليمية ودولية، وتقديم الخدمات والبيانات للجماهير. و بعد إصدار المرسوم التنفيذي رقم 98-257 بتاريخ 25 أوت 1998[149]، و المعدل بمرسوم تنفيذي آخر يحمل رقم 2000-307 بتاريخ 14 أكتوبر 2000 (150)، الذي يحدد شروط و كيفيات وضع واستغلال خدمة الانترنيت، ظهر مزودون جدد خواص وعموميون إلى جانب مركز البحث في الإعلام العلمي والتقني، مما زاد في عدد مستخدمي الشبكة، وقد وصل عدد الرخص إلى الخواص عبر القطر الجزائري إلى65 رخصة حتى نهاية 2001، و كان لوجود هذه المؤسسات دور كبير في تحسين خدمات الوصول إلى الشبكة وتقديم أسعار تنافسية للاشتراك بخدمات الانترنيت.[151]

ج- جيكوس- الجزائر: هي إحدى الشركات الجزائرية، تأسست في 1994، متخصصة في مجال تقديم خدمات الانترنيت وتشمل استضافة المواقع، تصميم المواقع وتوفير خدمة الدخول على الانترنيت.

د- شركة فوب-الجزائر: أحد الشركات التي تقوم بتوفير خدمات الانترنيت في الجزائر وتشمل خدماتها استضافة المواقع، تسجيل المواقع، الاتصال بالانترنيت من خلال الخطوط التلفونية، تصميم المواقع وغيرها من الخدمات.

هـ- آيه سي آي- الجزائر: وهي شركة متخصصة في تقديم خدمات متنوعة، خدمات الانترنيت، تصميم الجرافيكس، الاتصال بالانترنيت عن طريق الأقمار الصناعية وغيرها.

و- ألجيري كوم- الجزائر: شركة جزائرية متخصصة في تقديم خدمات الانترنيت و التي تشمل الاتصال بالانترنيت والبريد الالكتروني والخطوط المؤجرة...، هذا ويشتمل الموقع على دليل بحث خاص بالمواقع الجزائرية.

ن- ألو لاين- الجزائر: شركة جزائرية متخصصة في تقديم خدمات الانترنيت و التي تشمل الاتصال بالانترنيت من خلال الخطوط الهاتفية، الخطوط المؤجرة واستضافة مواقع الويب، هذا ويشتمل الموقع على دليل و محرك بحث خاص بالمواقع الجزائرية وبعض الروابط المتنوعة.

ل- وصال- الجزائر: وهي شركة جزائرية متخصصة في تقديم خدمات الانترنيت و التي تشمل توفير خدمة الاتصال بالانترنيت وخدمة البريد الالكتروني.

م- مزود- الجزائر: مؤسسة تقدم دراسات، أبحاث، مقالات وأخبار حول الانترنيت ومزودي خدمات الانترنيت بالجزائر.[152]

3-الجهاز الإداري لشبكة الانترنت :

يعتبر مركز البحث في الإعلام العلمي والتقني CERIST الجهاز الإداري المسؤول على تسيير شؤون الشبكة، جاء في المادة 6 من المرسوم التنفيذي رقم 85-56 المؤرخ في 7 يونيو 1984 و الذي حدد التركيبة الإدارية اللازمة حيث يتكون مجلس التوجيه الذي يرأسه محافظ البحث العلمي والتقني بعنوان القطاعات الرئيسية والمنتجة والمستعملة حسب الأتي:

- ممثل لوزير الدفاع الوطني
- ممثل لوزير التعليم العالي
- ممثل لوزير البريد والمواصلات
- ممثل لوزير الصناعات الثقيلة

ونظرا لطبيعة هذه المهام وما يلزمها من جهود فقد ورد في المادة 7 من نص المرسوم قرارا بالتحويل إلى المركز كافة الأعمال والحقوق والالتزامات والهياكل والوسائل والأملاك التي كانت تحوزها الهيئة الوطنية لبحث العلمي والتي تدخل في إطار مهامه حسب الإجراءات القانونية والتنظيمية المعمول بها.(153)

و نظرا لتوسع خدمات شبكية وتعاظم استخدامها و كثرة شبكات الربط والمؤسسات والشركات والأفراد الذين يلجون إليها قررت الهيئة الإدارية إنشاء لجنة خاصة تدرس طلبات

وضوابط انتشار شبكة الانترنت وتتولى هذه اللجنة:

- دراسة طلبات الترخيص باستغلال خدمات الانترنت والبث فيها.

- إنشاء لجان رقابة ضمنها حسب الحاجة إليها.

- الفصل في المسائل المعروضة عليها المتعلقة بمجال نشاطاتها و شكلت بذلك إدارة جديدة تعمل تحت وصاية وزير البريد والمواصلات مباشرة، أما تركيبتها فهي انعكاس تمثيلي للوزارات الأخرى ذات العلاقة بالموضوع والذين شملهم تعيين المادة 16 و الآتي ذكرهم:

- ممثل للوزير المكلف بالاتصالات (رئيسا)؛

- ممثل لوزير الدفاع الوطني؛

- ممثل لوزير الشؤون الخارجية؛

- ممثل الوزير المكلف بالمالية؛

- ممثل الوزير المكلف بالداخلية؛

- ممثل الوزير المكلف بالاتصال والثقافة؛

- ممثل الوزير المكلف بالتعليم العالي والبحث العلمي؛

- ممثل الوزير المكلف بالتجارة؛

- مدير مواد الاتصالات السلكية واللاسلكية.

لكن هذا التوسع التمثيلي كان غير مجد، لهذا صدر المرسوم التعديلي رقم (307/2000) الذي قلص عدد الممثلين، فقد حصرت المادة 16 منه تشكيل لجنة في:

- ممثل الوزير المكلف بالمواصلات السلكية واللاسلكية.
- ممثل لوزير الدفع الوطني.
- ممثل لوزير الداخلية.[154]

أ- الترتيبات الإدارية والتقنية:

لا يقتصر دور اللجنة على تسيير شؤون الشبكة ودراسة الطلبات، إقامة خدمات الانترنت ومنح التراخيص فقط بل تتولى مهاما تقنية أخرى، إنها تأخذ على عاتقها إنشاء وحدات عمل (مراكز- لجان متابعة...) ضمنها و تتولى الإشراف عليها وقد تم إنشاء:

1. مركز شبكات المعلومات (NIC)Network Information Center الجزائر و الذي توكل إليه مهمة تسيير المجال الوطني (DZ).
2. إنشاء مجموعة اهتمام مشترك (CIG) Common Interest Group التي تجمع كل الفاعلين الناشطين في مجال الشبكات وبالخصوص شبكة الانترنت.
3. تطوير خدمة فريق طوارئ الحواسيب Computer Emergency Response (CERT) TEAM للمعلومات والتوجيه والاستشارة حول المعايير المرتبطة بنظام الأمن المعلوماتي عموما وأمن الانترنت خصوصا وحددت لها المهام الآتية:

- وضع خطة عامة لسياسة وطنية تخص أمن الشبكة المحلية.
- تشجيع الحس الأخلاقي وروح المسؤولية عند أولئك الذين يستعملون الشبكة أو يقدمون خدماتها.

- وضع دليل لحماية المصادر والتراث المعلوماتي من السرقة و من الاستعمالات غير مرخص لها.

- تنمية الخصوصية والسرية عند المستعملين ومطلب قانونية معالجة المعلومات الحساسة وكذا الانعكاسات القضائية، المحتملة عن الاستعمالات غير الشريفة للمعلومات.[155]

أ- المهام التقنية والأمنية:

المهام التقنية و (اسم المجال الوطني): اسم المجال الوطني هو (DZ) مسجل من طرف جمعية المستعملين ALUUG في الجزائر.

هذه الجمعية Algerian Unix Group Association of Unix users ليس لها ارتباط هيكلي مباشر بالانترنت بصيغة IP، لأن قاعدة البيانات (خادم اسم المجال) المرتبطة باسم المجال هذا ترتبط بالموقع الخارجي EUNET الذي يقع في أمستردام بهولندا، ويقتصر دور الجمعية على تأمين المسؤولية الإدارية لقاعدة البيانات DZ، وبما أن هذا من اختصاصات التقنية (NIC) (مركز شبكات المعلومات) فقد عهد إليه بـ:

- تسيير اسم المجال الوطني DZ؛
- تسجيل أسماء مجالات أخرى تحته (المواقع الجزائرية)؛
- استخدام خدمة DNS الدولية لفائدة اسم المجال الوطني؛
- التنسيق مع مختلف الهيئات العاملة في حقل تسير الشبكة على الصعيد الوطني والدولي.

ج- المهام الأمنية:

عهد الجانب الأمني إلى المجموعات المختصة بأمن الشبكة المحلية والمواقع المندرجة تحت اسم المجال الوطني من مختلف أشكال القرصنة والاختراقات، حسب درجة وأهمية كل مصدر موقع، فمواقع الجيش

والحكومة والرئاسة والبنوك مثلا تحضى بحماية كبيرة، فترتيبات نظام الحماية يكون وفق السلم التالي:

- نسق أمن، نسق غير أمن؛
- برامج *Trojan Horses* و هو برنامج حماية يعمل سريا؛
- برنامج الفيروسات والدود Virus and Worms.

وهذه البرامج إنما وضعت لتأمين الحماية للشبكة رغم صعوبة المهمة، إذ يجد القائمون صعوبات في تحديد بعض المواقع على الشبكة ومصدرها الصعوبات نفسها التي يلقاها رجال الأمن في تحرياتهم عن الأشخاص المتورطين في الجرائم، لاسيما للمواقع التي تمس بأمن الدولة وتروج للعنف والجريمة والإرهاب.[156]

4. الجانب التشريعي (قانون الانترنت) CYBER LAW: قانون الانترنيت هو مجموعة من القواعد القانونية ذات العلاقة بتنظيم تكنولوجيا المعلومات عبر الانترنيت ويطلق عليه في اللغة الانجليزية مصطلح CYBER LAW وهو يختلف في المصطلح عن قانون الحاسوب وقانون المعلوماتية وغيرها من القوانين، و أنشىء قانون الانترنيت في الولايات المتحدة عام 1998م على يد كبار فقهاء قانون الانترنيت أمثال: لورنس ليسج، أورين كير وفي كندا البروفيسور ليونيل ثوميل.

و يحدد قانون الانترنيت المسائل القانونية ذات الصلة بين استخدام تكنولوجيا المعلومات والشبكات ويتميز عن مجال القانون الذي يحكم الممتلكات أو العقد، ويشمل بعض المواضيع التي تؤدي إلى الملكية الفكرية، الخصوصية، حرية التعبير والاختصاص.

و أولت الدول اهتماما كبيرا بوضع قوانين تنظم عالم الانترنيت خاصة لما برزت على السطح جرائم الانترنيت كالقرصنة والتجسس الصناعي ونشر صور الفاحشة والرذيلة والأفكار المتطرفة للجماعات

الإجرامية مما يشكل تهديدا حقيقيا على سيادة الدول، وإذا كانت القوانين التشريعية من مهام الدولة فإن الانترنيت لا يمكن جعل حدودها الجغرافية واضحة لأنها تمتد إلى ما بعد السيادة والحدود الإقليمية لتلك الدولة والقوانين التي يكون لها تأثير في دولة لا يكون لها اعتبار في دولة أخرى، وثمة مشكلة أخرى أن الانترنيت ليست حيزا ماديا وبالتالي يصعب ضبط القوانين التي تحكمها،[157] و إذ كانت كثير من الدول قد سنت قوانين تحد من إمكانية الحصول على المواد الموجودة على شبكة الانترنيت، فإن المستخدمين لديهم حرية وقدرات ذاتية يتصفحون بها ما يرغبون فيه، ولعل النموذج الجيد لقانون تنظيم الخدمات داخل الشبكة ما سنته الصين والسعودية حيث تمنع الحكومة كل ما تراه غير مناسبا لمواطنيها من خلال أساليب الترشيح أو التنظيم الصافي LESSIG.

أما في الجزائر فيرى المختصون في الاتصالات السلكية واللاسلكية أن شبكة الانترنيت في الجزائر غير مراقبة Non Filtré وللأفراد المستخدمين تصفح كل ما يرغبون فيه وينشئون مواقع لأغراض مختلفة دون أن يمنعهم رادع أو سلطة معينة، ولكن رغم ذلك هناك جرائم و خروقات عبر الانترنيت يعاقب عليها القانون ويحاسب الجاني على فعلته كسرقة الملفات والترويج للفساد والانحلال الخلقي ونشر الأفكار الإجرامية والإرهابية والقرصنة والولوج إلى أرصدة الأشخاص في البنوك...

فبالموازاة مع الترتيبات الإدارية تم استحداث منظومة تشريعية تستجيب لمطالب الخوصصة وإشراك القطاع الخاص وهي رغبة حكومية لرفع الاحتكار عن الانترنيت وتهيئة الأرضية الصلبة في المجال التقني و كذلك المنشئات القاعدية بميدان الاتصالات.[158]

و قد نـص المرسوم التنفيذي رقم 257-98 الذي يضبط شروط و كيفيات إقامـة خدمـات الانترنيت واستغلالها حيث عرفت المادة 2 منه تحديد الخدمات في:

- خدمة النسيـج الدولي World Wide Web.WWW: وهـي خدمـة تفاعليـة للإطلاع أو الإبحار في صفحات متعددة الوسائط Multi Media (نصوص، رسوم بيانية، صوت أو صورة). موصولة بينها عن طريق وصلات تسمى نصوص متعددة Hypertext.
- البريد الالكتروني Email: وهي خدمة تبادل رسائل الكترونية بين المستعملين.
- تلنات Telnet: وهي خدمة النفاذ إلى حواسيب متباعدة بصيغة المحاكاة الطرفية.
- بروتوكول نقل الملفات File Transfer Protocol: وهي خدمة تعبئة الملفات عن بعد بصيغة نقطة إلى نقطة.
- منبر التحـاور News Group: وهي خدمـة تسمح بتبادل المعلومات بين مجموعـة من المستعملين ذوي الاهتمام المشترك حول موضوع معين.

و حددت المادة 4 من المرسوم شروطا يجب توفرها في المستثمرين الذين يرغبون في استغلال شبكة الانترنيت لأغراض تجارية منها:

- طلب يحرر على نموذج تعده لجنة الانترنيت.
- نسخة من القانون الأساسي الذي يخول الشخص المعنوي إقامة خدمات الانترنيت.
- نسخـة من النشرة الرسمية الخاصة بالإعلانات القانونية أو المتضمنة تسجيل الشخص المعنوي.
- إثبات تسديد تكاليف دراسة الملف المحدد مبلغها بموجب قرار مشترك بين الوزيرين المكلفين بالمالية والاتصالات.

- عرض مفصل عن الخدمات التي يقترح الطالب تقديمها وكذا شروط و كيفيات النفاذ إلى هذه الخدمات.

- دراسة تقنية حول الشبكة المقترحة وحول التجهيزات والبرامج المعلوماتية التابعة لها مع تحديد هيكلتها وكذا صيغ الوصل للشبكة العمومية للاتصالات.

- التزام من المصالح التقنية المختصة في الوزارة المكلفة بالاتصالات يثبت إمكانية إقامة الوصلة المخصصة الضرورية لنقل خدمات الانترنيت.

وفي ما يخص العلاقة بين المستخدمين ومقدمي خدمات الانترنيت فهناك التزامات حددها القانون في المادة 14 من المرسوم التنفيذي السابق، إذ يلتزم مقدم خدمات الانترنيت خلال ممارسة نشاطاته بمايلي:

- المحافظة على سرية كل المعلومات المتعلقة بحياة المشتركين الخاصة وعدم الإدلاء بها إلا في الحالات المنصوص عليها في القانون.

- تسهيل النفاذ إلى خدمات الانترنيت حسب الإمكانيات المتوفرة إلى كل الراغبين في ذلك باستعمالها أنجع الوسائل التقنية.

- إعطاء المشتركين معلومات واضحة ودقيقة حول موضوع النفاذ إلى خدمات الانترنيت وصيغة مساعدتهم كلما طلبوا ذلك.

- احترام قواعد حسن السيرة، الامتناع عن استعمال أية طريقة غير مشروعة سواء تجاه المستعملين أو اتجاه مقدمي خدمات الانترنيت الآخرين.

- تحمل محتوى الصفحات وموزعات المعطيات التي يستخرجها أو يأويها.

- إعلام مشتركيه بالمسؤولية المترتبة عليهم في ما يتعلق بمحتوى الصفحات التي يستخرجونها وفقا للأحكام التشريعية المعمول بها.

- اتخاذ كل الإجراءات اللازمة لتأمين حراسة دائمة لمضمون الموزعات المفتوحة لمشتركيه قصد منع النفاذ إلى موزعات تحتوي معلومات تتعارض مع النظام العام أو الأخلاق.

وتماشيا مع تطور تكنولوجيا الاتصال وتوسع شبكة الانترنيت بشكل كبير لاسيما بعد الانفتاح الاقتصادي كان لزاما على الدولة إيجاد بيئة قانونية جديدة لتدعيم الهياكل القاعدية وتنظيم نسيج الشبكة المعلوماتية في الجزائر بأكثر فعالية ومرونة وهذا ما جعل الدولة تصدر قانونا تعديليا للبريد والمواصلات تحت رقم (2000-307) المؤرخ في 2000/10/14 يعدل المرسوم التنفيذي رقم (98-257) والمؤرخ في 1998/08/25.[159]

وقد تضمن التعديل مواد تنص على:

- التخلي عن شرط الجنسية الجزائرية لتمكين رأس المال الأجنبي من المشاركة.
- لا يرخص بإقامة خدمات الانترنيت واستغلالها لأغراض تجارية ضمن الشروط المحددة إلا للأشخاص المعنويين الخاضعين للقانون الجزائري.
- ضبط المتعاملين على الصعيد الدولي أي الذين يمكن اعتبارهم تجار خدمات Providers، أما الاستثناء فهو منح حيرة واسعة لهم أمام توزيع خدماتهم على المؤسسات، الأشخاص الطبيعيين ومقاهي الانترنيت.
- إعادة توجيه دور الدولة نحو مهمات عامة ذات قوة تنظيمية.
- إعادة النظر في تحقيق بيئة قانونية تمكن من استغلال سوق المواصلات عن طريق عدة مزودين.
- ضمان مصلحة عالمية لجميع التراب الوطني مهما كان المزود الذي يستغل المصالح المفتوحة على المنافسة.

- تشجيع الاستثمار العام على الخاص في المنشئات القاعدية.
- رفع العراقيل الإدارية.
- ضمان خدمات ذات جودة للمواطنين وبأسعار معقولة محددة عن طريق قواعد المنافسة القانونية والشفافية.

تقوية دور الدولة فيما يخص المراقبة وتصحيح التطبيقات التجارية، لتمكين المواطنين من الاستفادة من مكاسب السعر الناتج عن التطور التكنولوجي.

- مقاهي الانترنيت:

مقاهي الانترنيت أو نوادي الانترنيت هي فضاء إعلامي يضع تحت تصرف مستعمليه وسائل الإعلام والاتصال التي تسمح بالدخول إلى شبكة الانترنيت بغية ربط علاقات مع الغير لأغراض شخصية أو مهنية. ويمكن أن تقدم خدمات التلقي الأولى في مجال الانترنيت والبريد الالكتروني.[160]

و تقدم مقاهي الانترنيت خدمات جليلة للأفراد بحيث تزودهم بمعلومات وأخبار ومهارات، و توفر موردا ماديا لكثير من الطلبة المتخرجين من الجامعات من خلال تقديم خدمات المعلومات كاستغلال شبكة الانترنيت ونسخ الرسائل والمذكرات والبرمجيات...

ولم تعرف مقاهي الانترنيت في البداية نموا سريعا مابين سنة 1990 إلى 2000 حيث أشار وزير البريد والمواصلات أن عدد نوادي الانترنيت بالجزائر لم يكن يتجاوز 100 ناد سنة 2000 بينما قفز عددها إلى 4000 ناد سنة 2004، مما أدى إلى ارتفاع عدد مرتادي الانترنيت من 10000 مرتاد سنة 2000 إلى 700000 سنة 2004،كما ارتفع مؤشر المواقع الالكترونية من 20 موقع قبل أربع سنوات إلى 2000 موقع

سنة 2004، في الوقت الذي ارتفع فيه عدد موزعي الانترنيت من اثنين سنة 2000 إلى 95 موزعا سنة 2004.[161]

ويرى المتخصصون في مجال الإعلام والاتصال أن الشبكة تنمو نموا سريعا وستصل إلى كل الولايات الجزائرية بل حتى القرى والمدارس والمؤسسات الخدماتية والمنازل، وإذا كان عدد مرتادي الانترنيت هو 700000 سنة 2004 فإن العدد سيتجاوز المليونين مع مطلع سنة 2009 وهذا راجع إلى تنوع وسرعة وتعدد المعلومات والبيانات التي توفرها الشبكة للأفراد، وأعلن الرئيس المدير العام لشركة "جيكوس" بأن عدد مقاهي الانترنيت في الجزائر ارتفع إلى 7000 ناد يتداول فيها حوالي مليون شاب جزائري.[162]

هذه الأخيرة التي يمتلك أصحابها سجلات تجارية وتنشط بطريقة قانونية، أما إذا احتسبنا النوادي ومقاهي الانترنيت التي تقدم خدمات بطريقة غير قانونية، فإن العدد يفوق كثيرا عن 7000 ناد.

و تسلم رخصة الاستغلال لمقاهي ونوادي الانترنيت من طرف الولاية لمدة خمس سنوات قابلة للتجديد وفق الشروط المحددة، و يلتزم من خلالها المستغل أو صاحب المحل بقواعد الأمن والنظافة والهدوء وصيانة أجهزة الإعلام الآلي والوسائل السمعية البصرية.

- الوظيفة الإعلامية لشبكة الانترنيت:

لقد أصبحت الانترنيت اليوم وسيلة اتصالية وإعلامية متاحة الاستخدام لعامة الناس، فيتصفحون الصحف المحلية والعالمية و برامج الإذاعة والتلفزيون على شبكة الانترنيت، وأصبح تجاهلها أو عدم استخدامها يعني عدم مواكبة العصر، وترتبط الخدمات المباشرة للإعلام ارتباطا وثيقا بالانترنيت ودورها كوسيلة إعلام متعدد الوظائف مماثلة

للتلفزيون مع إضافة جديدة وهو أنها أصبحت جهازا إعلاميا متفاعلا لا يكتفي من يستخدمها بدور المتلقي السلبي للمادة الإعلامية المنشورة، بل يمكنه أن يتحاور معها و يحدد بنفسه ما يريده من معلومات، ويطرح وجهة نظره أمام الآخرين، ويرى بعض المتحمسون أن في شبكة الانترنيت صورة قصوى لديمقراطية المعلومات تحت شعار- المعلومات في كل وقت وكل مكان ولكل الناس [163]

"و يشارك الجمهور في مجموعات الأخبار News Groups في شبكة الانترنيت وهي مجموعة المناقشات الجماعية والمقالات والرسائل العامة التي يهدف بها الأفراد والجماعات والمؤسسات إلى الشبكة كوسيلة للنشر ويستطيع أي مشترك في الإنترنيت الاشتراك في مجموعة أو أكثر وكتابة المقالات في أي مجموعة يشترك فيها" [164].

"و رغم أن شبكة الانترنيت تطورت على أنقاض تكنولوجيا الاتصال إلا أن وسائل الإعلام سرعان ما ركبت أمواج الشبكة لسرعة تنقل المعلومات، ولم تفوت الصحافة هذا التطور فانضمت إلى صفوف هذه الثورة التي أطلق عليها النشر الالكتروني على الشبكة العالمية (www) وأصبح العديد من الصحف المحلية والدولية العربية والأجنبية، يتم إصدارها بطريقة اليكترونية، متكاملة بدءا من تلقي الأخبار من وكالات الأنباء والمراسلين والبحث عن المعلومات والصور واستسقائها من بنوك المعلومات الدولية ومرورا بمعالجة الأخبار والتقارير وكتابة المقالات وتحريرها و تصحيحها وتصميم الرسوم والصور الفوتوغرافية وإعدادها وتركيب الصفحات، ثم بث هذه المعلومات إلى أي جهاز كمبيوتر متصل بالشبكة [165] ونتيجة لهذا التطور برز مفهوم جديد في الصحافة وهو:- الصحافة الاليكترونية - كمقابل للصحافة الورقية أو الصحافة المطبوعة، حيث أصبح يمكن قراءة الصحيفة من خلال جهاز الكمبيوتر الشخصي والقارئ جالس في منزله

أو مكتبه، وقد تطورت عمليات إنتاج الصحيفة ذاتها، حيث أن معظم الصحف تستخدم الإنتاج الاليكتروني المتكامل، لتعزيز وجودها داخليا وخارجيا، وتحقيق الربح المادي عن طريق البيع بالانترنيت.

- أما بالنسبة للصحفيين ورجال الإعلام فإن الانترنيت أصبحت بالنسبة إليهم القاعدة التي يرتكزون عليها في عملهم الإعلامي فالانترنيت تفيدهم في الحصول على المعلومات بسرعة، والاتصال بالجهات الرسمية، وتحميل الملفات والصور، واستكمال المواضيع المطلوب منهم وإجراء الحوارات مع الشخصيات، ويجد الإعلاميون في الإنترنيت فسحة كبيرة لزيارة مواقع وسائل الإعلام العربية والأجنبية، مواقع وكالات الأنباء، ومواقع الحكومات والهيئات الرسمية، إلى جانب الاشتراك في مجموعات النقاش من صحفيين آخرين وغيرهم في مواضيع إعلامية سياسية ثقافية واجتماعية وغيرها.

أ- **الخدمات العامة لشبكة الانترنيت:** تقدم شبكة الإنترنيت لمستخدميها معلومات هائلة، وصور وبيانات وبرامج في مختلف الميادين العلمية والصناعية والتجارية والخدمات والطب والسياحة والرياضة، وكل هذه التخصصات وغيرها يحصل المستخدم على ما يرغب به في الشبكة من خلال الكم الهائل والتدفق السريع للمعلومات، من خلال عدة خدمات متوفرة على شبكة الانترنيت أهما:

1. البريد الإلكتروني:(Email)

حيث يستطيع مستخدم الإنترنيت إرسال واستقبال الخطابات الكترونيا من وإلى شخص آخر متصل بالانترنيت، وليس الخطابات الشخصية فقط ولكن أي شيء يتم تخزينه في ملف نص ويشمل ذلك برامج الحاسب الإعلانات، المجلات الالكترونية وهكذا، ويمثل نظام البريد الالكتروني العمود الفقري والدافع الأساسي لإنشاء الإنترنيت.[166]

و يمكن البريد الإلكتروني الفرد من إرسال واستقبال رسائل الإلكترونية من والى جميع المشتركين عبر العالم وهذه أهم مزاياه:

أنه سريع مقارنة بالبريد المكتوب وأقل تكلفة مقارنة بالهاتف أو الفاكس.

تبقى رسائلك مخزنة في الآلة إلى غاية حضورك لقراءتها.

لا أحد بإمكانه الاطلاع على بريدك أو قائمة بريدك ، لأنك الوحيد الذي يعرف كلمة العبور Password لحسابك.

يمكن الاشتراك في المؤتمرات التي تنظم بالبريد الالكتروني و التي تمنحك فرصة مناقشة مختلف المواضيع عالميا مع المشتركين في المؤتمر. [167]

2. خدمة المحادثة TALK

وهي تتيح فتح خط اتصال بين حاسبك وحاسب مستخدم آخر للانترنيت وبالتالي يمكن كتابة رسائل واستقبال رسائل منه، فهناك حديث يتم بين الاثنين من خلال الحاسب و يتم في الوقت نفسه دون تداخل بين تلك الرسائل.

3. خدمة مجموعة الأخبار:

و تعد من أهم خدمات الانترنيت، وهي عبارة عن نظام حاسوبي لإيداع الرسائل العامة والخاصة.

و يعمل بنفس طريقة عمل المنتديات الاليكترونية العامة العادية، ومجموعة الأخبار يتم تشريعها وتوزيعها بالانترنيت عبر خدمة تدعى User Net وهو مصطلح مركب من كلمتين: User مستخدم، وشبكة Net وهي من أقدم الأجزاء المكونة للانترنيت وأكثر منها أهمية، وتشبه الحلقات النقاشية التي تعقد في الأماكن العامة أو الخاصة، ويمكن فيه التعرض لأي

موضوع من الموضوعات بمزيد من الفحص والتدقيق والمناقشة على نطاق واسع.[168]

و تقدم مجموعة الأخبار ما يقرب في 1700 مجموعة، و تحتوي كل مجموعة الأخبار على آلاف الخدمات التي توجد في ملايين الملفات.

4. خدمات الأرشيف Archive:

نظرا لوجود العديد من الملفات المتاحة لمستخدمي الانترنيت فان خدمة الأرشيف تساعد على الوصول إلى الملفات التي يريدها المستخدم فإذا كان هناك ملف ما سمعت عنه فإن خدمة الأرشيف تحدد الموقع الذي تحتوي على هذا الملف وعند الوصول إلى موقعها يمكن استخدام خدمة FTP تحميل هذه الملفات في جهازك.[169]

5. الدردشة الجماعية: Relay chat:

و هي صورة أكثر مرونة حيث تتيح التحدث بطريقة مباشرة Online مع مجموعة أشخاص في الوقت نفسه وبالتالي تنتج محادثة عامة تشمل عددا كبيرا من الأشخاص.

6. المجلات الإلكترونية و الكتب:

تتضمن الانترنيت مجموعة هائلة ومتنوعة من المجللات والكتب والموسوعات الإلكترونية، والتي تقدم معلومات قيمة للمستخدمين في شتى المجالات والتخصصات، وحتى الخدمات العامة.

7. الألعاب GAMES:

إن ألعاب الكمبيوتر موجودة ومتوفرة بالنسبة لأي حاسوب شخصي دون الحاجة إلى الانترنيت لكن الألعاب من خلال الانترنيت تمتاز بالتنوع الشديد الذي يتيح لك ممارسة أي لعبة مهما كانت ميولك، كما أن مصادر هذه الألعاب متعددة خلال الشبكة، فمثلا من خلال ANONYMOS F.T.P

يمكنك تحميل أي لعبة في جهازك كما أن هناك العاب تستفيد   من خصائص مثل الشطرنج يمكنك اللعب مع شخص آخر بعيد عنك.[170]

8. خدمة التلنت TELENET

تعرف أيضا بخدمة الربط عن بعد (Ronote . Login) و التلنت عبارة عن برنامج خاص يتيح للمستخدم أن يتصل بجميع الحواسيب في جميع أنحاء العالم وأن يرتبط بها، وهي خدمة تجعل من حاسوب المستخدم زبونا Client للتلنت، و ذلك لكي يتمكن من الوصول إلى البيانات والبرمجيات الموجودة في إحدى خدمات تلنت الموجودة في أي مكان من العالم[171]

9. محركات البحث:

محرك البحث: هو موقع على شبكة الانترنيت مزود بقاعدة بيانات تحتوي على عناوين ومواقع أخرى، ويوجد نوعان رئيسيان:

■ نوع عادي يقوم بالبحث في موقع واحد.

■ نوع متميز يقوم بالبحث على الانترنيت من خلال أكثر من موقع في أن واحد.

و يوجد العديد من محركات البحث على الانترنيت كل منها يختلف عن الآخر من حيث طريقة البحث والوظيفة التي يقوم بها و المواقع التي يستطيع الوصول إليها وطبيعتها.

10. محركات البحث الأجنبية:

[توجد عشرة من أفضل محركات البحث الفعالة عبر العالم والمناسبة لكل الاحتياجات والمواقف ومن أهمها:

■ محرك "Google": يعد من أفضل محركات البحث في العالم، وهو سريع جدا و فعال، و تصل عدد صفحاته إلى 1247 مليون

صفحة، و لا يوجد به الكثير من الصور و الغرافيك، و لكنه يستخدم في البحث العام و موقعه الإلكتروني: www.google.com

■ محرك "Yahoo": و يعد بمثابة دليل الموقع على الانترنيت و يصل عدد صفحاته إلى 1.8 مليون صفحة ونحصل من خلاله على عناوين الكتب المتاحة على الشبكة و مفكرة مواعيد و غرف الدردشـة و البريد الالكتروني و موقعه الإلكتروني هو: www.yahoo.fr

■ محرك "Altavista": وهو محرك فعال يتميز بالعديد من الإمكانيات البحثية، و يوفر الصور، و يبحث عن ملفات الموسيقى MP3 وعن الأعمال والتجارة، كما يقدم الترجمة بمختلف اللغات، و يقوم كذلك بتحويل العملات...ويصل حجمه إلى 350 مليون صفحة و موقعه الإلكتروني هو:www.altavista.com

■ محرك Northernloght: و هـو أحد محركات البحث الرئيسية و هو يمثل هدفا لكـل شخص يبحث عن المواقع، ويتيح للباحـث الأخبار و المعلومـات المالية و الاطلاع على عدد من الموضوعات المنشورة في أكثر من 320 صفحة تحتـوي علـى ما يقـل عن 700 جريـدة و مسجلـة في العالم و موقعه الإلكتروني هو: www.Northernlight.com.⁽¹⁷²⁾

■ محرك Askjeeves: وهو محرك انجليزي المنشأ، مازال الأفضل بين محركات البحث الأخرى و يساعد كثيرا في البحث عن المعلومات، كما يتميز بالفاعلية و السرعة في البحث و يحوي 100 مليون صفحة و يستخدم كمحرك بحث متخصص في الحقائق و الأرقام و موقعه الإلكتروني هو: www.Askjeeves.com.

- محرك Web Top DA: و يتميز بجمال التصميم و الجاذبية، فضلا عن أنه أفضل من محركات البحث العادية و يتميز بنفس خصائص سابقيه و يحتاج إلى: 95، 98 WINDOWS أو NT و موقعه الإلكتروني هو: www.webtop.com.

- محرك ZAPPER: و يعتبر مشابها لسابقه، و لكنه يبحث فقط وفقا لما يطلبه المستخدمون، لكنك تستطيع أن تعده وفقا لاحتياجاتك و يعطي لك قائمة من المدخلات المحددة لمواجهة موضوعات خاصة تريدها و هو مفيد جدا لعرض الحقائق الخاصة و عنوانه:www.zppet.com/index html.

- محرك Kenjine: يعد بمثابة نظام بحث ذكي جدا و سريع و يطلق عليه محرك توصيل المعلومات للمنازل، و يمتاز بالكفاءة عند البحث عن الأخبار و الروايات في المواقع العادية و يحتاج مستعمله إلى تثبيته على جهاز و موقعه الإلكتروني هو: www.Kenjine.com.

- محرك OPERNIC2000: يعد من المحركات السريعة و يعتمد في عمله على منحه أو تعبيرا معينا يقوم بعدها بإرسالها إلى أكثر من80 محرك بحث مختلف في وقت واحد، ثم يعود فقط بأغلب النتائج العامة و موقعه الإلكتروني هو:www.Copernic.com.

- محرك Sidewise.com: يعد هذا المحرك بمثابة دليل للمتصفح و هو عبارة عن شريط جانبي يوضع في برنامج استعراض صفحات الويب، كلما فتحت صفحة ويب جديدة يقوم المحرك بترشيح مواقع ذات صلة إلى نفس تطبيقات متحرك Web.Top[173]، من أكثر من 30 موقعا شريكا له و يحتاج

هو الآخر لكن عقبته الوحيدة انه يجعل شاشة الكومبيوتر غير مرتبة تماما، خاصة أنها تكون مليئة بالعديد من المواقع.

11. محركات البحث العربية:

على الرغم من أن اللغة العربية لا تزال ثانوية على الشبكة العنكبوتية إلا أن الجهود المبذولة لإثبات الوجود العربي بدأت تؤتي ثمارها في بعض المجالات كمحركات البحث التي تتراوح كفاءتها بين الضعيفة و الجيدة. و من أهم محركات البحث العربية:

- **محرك أين:** AYNA وهو من أشهر محركات البحث العربية ويتميز بأناقة التصميم وسهولة الاستخدام، كما يقدم مواد غنية للبحث في شتى المجالات ويتضمن ثلاثة أنماط من البحث الحر:

  الأول: هو نمط الكلمة.

  الثاني: هو نمط جميع الكلمات.

  - **الثالث:** هو نمط "متطابق" حيث يبحث عن العبارة بأكملها، كما يقدم مجانا خدمة البريد الالكتروني والتسويق وغرف الدردشة وعناوين الأخبار في أهم الصحف العربية والعالمية والألعاب والتسلية و موقعه الإلكتروني هو:**www.ayna.com**.

- **محرك بوابة العرب:** ARABVISTA يتميز البحث فيه بأنه متعدد اللغات في مجالات الفنون والأدب والطب والأخبار والتقنيات وغيرها، ويقوم بتحديد الدولة مما يعطي نتائج دقيقة، كما يقدم خدمات للبحث عن أمهات الكتب في الطب والتاريخ و الحديث والقرآن والفقه، وعنوانه هو:www.arbvista.com.

- **محرك كنوز "Konous"**: يتميز بواجهة تطبيق غاية في السهولة غير أن وسائله وأساليبه في البحث معقدة، و يقدم خدمات التوظيف، و نادي البيع و الشراء. كما تستطيع عرض إعلاناتك

بتكلفة بسيطة ويستمر عرض إعلان لمدة سنة. كما توجد به خدمات أخرى كالفكاهة وأسعار صرف العملات وخدمة البريد الإلكتروني و التعرف على موسوعة الخيول وأسرار النباتات و موقعه الإلكتروني هو:www.konous.com.

■ **محرك عربي Arabic.2000**: يعتبر دليل المواقع العربية حيث يضم نخبة من المواقع التي تعرض موادها باللغة العربية في مجالات الصحة، الطب، الاقتصاد، والتجارة وغيرها و موقعه الإلكتروني هو: www.Arabic.com.

■ **محرك نسيج NASSEJ**: يعتبر أكبر دلالة للغة العربية المصنفة ويقدم خدمات البحث والتسويق والتوظيف حيث يقدم عروض الشركات للعمل وكذا طالبي الوظيفة وعنوانه:www.nassej.com.

ب- خدمات الانترنيت للصحافة:

"لقد أدت الثورة المعلوماتية والتكنولوجية إلى وضع الصحافة المعاصرة أمام تحديات جديدة أتاحت لها فرصا لم يسبق لها مثيل سواء كان ذلك في غزارة مصادر المعلومات أو في سرعة نقلها أو في استخدامها، وانعكست هذه التطورات على أساليب جمع وإنتاج وتوزيع المعلومات في أجهزة الإعلام الرئيسية الثلاث المطبوعة والمسموعة والمرئية، وكذلك خلقت هذه التطورات جمهورا جديدا متميزا يعتمد على الانترنيت و شبكات نقل المعلومات الالكترونية في تلقي المعلومات، وسارعت بالتالي أجهزة الصحافة العصرية إلى استقطاب هذا الجمهور الجديد عن طريق إضافة شبكة الانترنيت إلى وسائلها التقليدية في نقل وتسويق الإنتاج الصحفي، إن وفرة المعلومات وتدفق الاتصال سوف يسهم في إتاحتها بشكل لا يمكن لأي متخصص أن يتابع معه ما يستجد في حقل تخصصه.

لقد وسع استخدام الانترنيت في الاتصال الإنساني مفهوم الاتصال"[174] التقليدي ليشمل الاتصال الإنساني التبادلي عبر أجهزة الكمبيوتر، فلم يعد الاتصال الحديث موقفا سلوكيا ينقل فيه مصدر رسالة إلى مستقبل بهدف التأثير فيه، وإنما أصبح موقفا تبادليا، يتبادل فيه شخصان أو أكثر معلومات أو أفكار، ولم يعد الاتصال الجماهيري يسير وفق نموذج من فرد إلى أفراد عديدين From One to Many وأصبح يسير وفق نموذج من أفراد عديدين إلى أفراد عديدين From Many to Many.

لقد ألغت الانترنيت تقريبا النموذج الخطي التقليدي للاتصال، بما كان يتضمنه من قيود على العملية الاتصالية، فقد كان هذا النموذج يعطي سلطة كبيرة وربما مطلقة للقائم بالاتصال (المرسل) وكانت العلاقة   بين المرسل والمستقبل أقرب إلى العلاقة الاستبدادية، أما بعد ظهور الانترنيت فلم يعد للمرسل سلطة مطلقة على المستقبل.[175]

و يمنح الاتصال على شبكة الانترنيت المستقبل صلاحيات وحرية أكبر في الوصول إلى ما يريده من وسائل على الشبكة دون قهر أو إجبار من بين آلاف الصفحات والمواقع المنتشرة على الشبكة في الوقت الذي يريده، وبالتتابع الذي يريحه.

و إذا كانت الوسيلة هي الوسيط الذي ينقل الرسالة من المرسل إلى المستقبل فإن الانترنيت بهذا المقياس تعد وسيلة إعلامية جديدة لها سماتها المختلفة عن الوسائل الأخرى، غير أنها تتعدى هذا المفهوم لتكون مصدرا ثريا للمعلومات والأخبار والصور للعاملين في مجال الإعلام.

والانترنيت أيضا وسيلة اتصال من خلال الاتصال الخارجي للمندوبين والمراسلين وتلقي موادهم عبر البريد الالكتروني، والاتصال بالمصادر لإجراء أحاديث عن بعد معهم، أو الاتصال الداخلي بالمؤسسة

مع ربطه بشبكة الانترنيت خاصة قسمي الأخبار والمعلومات وهي أيضا وسيلة اتصال تفاعلي وذلك عن طريق مشاركة القراء عن طريق البريد الالكتروني وغرف الحوار.

وقدمت الانترنيت خدمات جليلة للصحافة ليس كونها وسيطا يحمل المضمون إلى القارئ فحسب، بل أفادت الصحافة والصحفيين في الحصول على المعلومات والاستفادة منها كأداة مساعدة للأحداث العاجلة من خلال موقع الصحف والإذاعات ووكالات الأنباء.

والاستفادة منها كمصدر لاستكمال المعلومات والتفاصيل والخلفيات عن الأحداث المهمة وإعداد الصفحات المتخصصة كالرياضة والأدب والفن والمرأة والاقتصاد وصفحات التسلية والفكاهة، والتعرف على الكتب والإصدارات الجديدة من خلال المكتبات ونوافذ عرض الكتب وبيعها.

«ولاشك أن المعلومات التي تقدمها شبكة الانترنيت قد جعلت الصحفي في صراع من أجل مسايرة العصر ومفرداته، وزادت من مهاراته وقدمت نفسها كمصدر للأخبار والمعلومات المحلية والعلمية التي يمكن استحضارها في اللحظة نفسها، مما طرح على الصحفيين ضرورة إجادة فن اختيار المعلومات في ظل التدفق الضخم للمعلومات و تفجرها، الأمر الذي جعل الشبكة تطرح كوسيلة اتصال جماهيرية تبشر بعهد الكتروني جديد».[176]

لقد عملت الانترنيت على تفعيل العملية الإعلامية وأكسبتها مهارات ومميزات جديدة: فالقائم بالاتصال (المرسل) طورت أداءه، ووفرت له وقتا وجهدا كبيرين، والمتلقي (المستقبل) زادت من حجم مشاركته الايجابية في عملية الانتقاء و المشاركة في تصميم وبناء الرسالة الإعلامية أحيانا والوسيلة طورت من مفهومها وأضافت إليها سمات هامة كالتفاعلية وتعدد الوسائط وغيرها. و الرسالة ذاتها (المضمون) الذي تحمله الشبكة

إلى مستخدميها اتسم بالعمق والتنوع والفورية وغيرها من السمات الهامة التي توفرها الشبكة للرسالة الإعلامية، ورجع الصدى أعطت له صفة الفورية والسرعة بالقياس إلى وسائل الإعلام الأخرى).[177]

و تتعدد الاستخدامات الصحفية للانترنيت ويمكن إجمالها في:

■ الحصول على فيض متدفق ومتجدد من الأخبار الصحفية من مصادر متعددة وبلغات متباينة ومجالات متنوعة .

■ الحصول على كم كبير من المعلومات والبيانات والأرقام والإحصائيات المتوفرة على الانترنيت من العديد من الجبهات والمنظمات والدول والأفراد.

■ استكمال معلومات الموضوعات الصحفية وخلفياتها من بيانات وأرقام وإحصائيات .

■ استطلاع وجهات نظر المصادر الصحفية والتعرف على آرائهم و أفكارهم وردود أفعالهم حول القضايا التي يطرحها عليهم الصحفي.

■ الاتصال بقواعد المعلومات ومحركات البحث وأرشيفات العديد من المنظمات والشركات ووسائل الإعلام والمكتبات والجامعات والمنظمات والاستفادة منها في نواحي صحفية عديدة.

■ تطور مهارات الصحفيين وكسر حاجز المهارات الصحفية التقليدية و الانطلاق بها إلى آفاق رحبة من التغطية والتحليل وجمع المعلومات وصياغاتها وتطويرها أساليب الكتابة الصحفية، واستخدام تقنيات حديثة في المعالجة الصحفية، وتقديم منتجهم الصحفي بأشكال وصور متعددة و متنوعة.

■ استخدام الانترنيت كأرشيف خاص للصحفي يحوي موضوعاته الصحفية ومواعيده، وعناوينه الخاصة واهتماماته وكتبه وقراءاته.

■ الانضمام إلى جماعات صحفية وإخبارية يتبادل معها الخبرات الصحفية في موضوعات شتى، مما يساعده في تطوير مهاراته و معارفه.[178]

- تطور الصحافة الالكترونية عبر الانترنيت:

تعريفها: (الصحافة الالكترونية هي التي يتم إصدارها و نشرها عبر الانترنيت العالمية أو غيرها من شبكات المعلومات، سواء كانت نسخة أو إصدارة الكترونية لصحيفة مطبوعة ورقية، أو صحيفة الكترونية ليست لها إصدار مطبوعة ورقية، سواء كانت صحيفة عامة متخصصة، سواء كانت تسجيلات دقيقا للنسخة الورقية أو كانت ملخصات للمنشور بها، طالما أنها تصدر بشكل منتظم، أي يتم تحديثها من اليوم لآخر، ومن ساعة لأخرى، أو من حين لآخر حسب إمكانيات جهة الصدور). [179]

"احتلت الصحافة المطبوعة مكانة مهمة في عملية الاتصال طوال القرون الماضية، وكانت وسيلة مهمة لتدفق المعلومات إلى الجماهير، كما أنها قامت بدور مهم في حياة المجتمعات، ففي دول الشمال كانت محور الاهتمام في المجتمع نتيجة الدور الذي لعبته في تطور هذه المجتمعات، وصياغة منظومة المبادئ السياسية والاقتصادية والاجتماعية، و قد تم النظر إليها على أنها تقوم بدور مهم في العملية الديمقراطية، و ذلك أنها تعطي للأفراد المعرفة اللازمة لقيامهم بدورهم في المشاركة السياسية، أما في دول الجنوب فقد أسهمت الصحافة المطبوعة في الكفاح الوطني ضد الاستعمار وكانت من أهم الأدوات التي استخدمتها حركات التحرر الوطني". [180]

(و لكن مع تطور الأحداث برز على الساحة الإعلامية منافسون للصحافة في شكلها المطبوع، وبدأت الصحافة تبحث عن سبل جديدة لمواجهة هذه المنافسة، ومع ظهور الانترنيت بدأت الصحف تتحول بخطوط متفاوتة السرعة نحو الإصدار الالكتروني، ويعد التحول الالكتروني في الإصدار الصحفي ثورة بالمعنى المتكامل).

"وقد اتجهت العديد من الصحف إلى إصدار نسخ الإلكترونية إلى جانب النسخ الورقية المطبوعة التي تصدرها، بعد أن انتهت إلى الحاسبات كوسيلة لنقل وتبادل المعلومات، بل وبدأت تطرح فكرة ارتفاع أسعار الورق وظهور شبكات الحاسب كأداة تكنولوجيا قوية وقادرة على نقل المعلومات متجاوزة مرحلة الطباعة بتكلفتها التي ترهق اقتصاديات الصحف أو بما تستهلكه أيضا من وقت فضلا عن تجاوز مرحلة توزيع الصحيفة من خلال الموزعين والاشتراكات، وبالتالي فالصحيفة الالكترونية تستطيع أن تصل بالمواد الصحفية إلى القارئ مباشرة Online دون المرور بمرحلي الطباعة و التوزيع و في ضوء ذلك تستطيع الصحيفة الوصول إلى المتلقي وتزويده بالمعلومات بصورة مباشرة"[181].

و يعد نشر الصحيفة الإلكترونية على الإنترنيت أحد الطرق اليسيرة لتوزيع الصحيفة الإلكترونية والوصول إلى أكبر عدد من المستفيدين، وقد ثبت أن الصحف الالكترونية تحضى بدرجة تفضيل عالمية من جانب القراء عند متابعة الأخبار الخارجية في حين مازال القراء يفضلون صحفهم المحلية عند متابعة الأخبار المحلية.

"وجذبت الصحف الالكترونية قراء كثيرين لا لكونها تقدم خدمات إخبارية ذات نوعية غاية في الحداثة ، بل لأنه يمكن الوصول إلى هذه المحتويات بسرعة كما أنها تقدم بصيغة يمكن من خلالها تأمل الأخبار والحصول على أفكار مستخلصة عنها فضلا عن الإمكانيات التكنولوجية التي تدخل في هذه المسالة والتي تأخذ موقعا مركزيا ضمن هذه الاعتبارات لذا فإن ناشري الصحف الالكترونية يمتلكون قاعدة من مهارات لإنتاج صيغ إخبارية ذات أوعية متعددة جذابة ولديهم قواعد بيانات لمحتويات الأخبار بحيث يجدها القراء سهلة البحث وحتى التقارير الإخبارية ذات النوعية العالمية سوف لن تكون كافية لصياغة ودعم عملية القراءة إذا وجدت صعوبة في استرجاع تلك المعلومات"[182].

ج- خدمات الانترنيت لقطاع السمعي البصري

يمكن القول أن الانترنيت قدمت لقطاع السمعي البصري الكثير من الخدمات وفتحت أمامها آفاقا متعددة نحو الانتشار والوصول إلى أكبر قدر ممكن من الجمهور دون اعتبار للحدود الجغرافية والسياسية "من خلال أدوات التفاعل للمشاهدة أو المتلقي في صورة دائمة من خلال الاتصال بالشبكات أو في البرامج والمواد المذاعة مثل الرسائل القصيرة والبريد الالكتروني والمحادثة وكذلك توفير طرق تخزين المواد التي يتم عرضها وإمكانية استعادة مشاهدتها سواء في خوادم الإنتاج التليفوني أو الوحدات الملحقة مثل الصندوق الفوقي أو الوحدات المعالجة المدمجة".[183]

كما قدمت الانترنيت للصحفيين تسهيلات كبيرة في اختيار و انتقاء و الحصول على أخبار والمعلومات. وقامت بدور الوسيط المساعد له في إعداد المادة الصحفية الأمر الذي يوفر له كثيرا من الوقت والجهد، وكذلك قدمت الشبكة للجماهير خدمة إعلامية مميزة في مواقع التلفزيونات والإذاعات على الشبكة، وتتسم هذه الخدمة بالتغطية الإعلامية الفورية Frech Andupdated Coverage من خلال بث الأخبار والمفاجئة، Breaking News أو التغطية الحية Live Coverage للأحداث من موقعها وفي لحظة و قوعها، أو التغطية العلامة المعمقة In-Deapth Coverage حيث تعالج عدد من المواقع موضوعا واحدا بزوايا متعددة ويوجد العديد من الروابط التي تحيل المستخدم إلى مصادر و وثائق وبيانات متعمقة حول الموضوع الواحد.
[184]

و من جهة أخرى توفر الشبكة للمشاهد مشاركة المشاهد في الحوار والعرض والتقديم من خلال تفاعل المشاهد مع البرامج أو المذيعين ومقدم البرامج وضيوفهم من خلال قنوات الرجع أو المشاركة Back Channel وتلبية طلبات المشاهدين من البرامج أو المواد التلفزيونية أو الفيلمية

في الوقت الذي يناسب هؤلاء المشاهدين On Demand و ذلك برصد هذه الطلبات أو الحاجات في قنوات الرجع أو المسار العكسي Return Path و يتسم الإنتاج والعرض والتقديم بالتفاعلية التي تحفز المشاهد على المشاركة في الأداء والعمليات والحوار والاختيار وصولا إلى الاستجابة للأفكار والمثيرات فوريا وذلك بالتفاعل في حالة الإعلان التفاعلي و العرض التفاعلي للسلع.

"و تتيح الشبكة للقنوات التغطية الإعلامية التفاعلية حيث توفر التفاعل الايجابي بين الجماهير والإعلاميين و باستعمال الوسائط الرقمية التي توفر العديد من المواد المعالجة بشكل رقمي قابل للمعالجة والاستخدام.باستخدام الصوت والصورة والألوان و الغرافيكس واللقطات المرئية المتحركة. [185] و تسمح لشبكة للمشاهد أو المشاهدين أن يجعلوا قنوات التلفزيون والبرامج والخدمات مرتبطة في حوار معهم وبتجديد أدق، حوار يبتعد بالمشاهدين عن خبرة المشاهد السلبية ،ويسمح لهم بالاختيار والمشاركة في الإجراءات خصوصا إذا كانت الإجراءات بسيطة مثل بطاقة بريدية و إرسالها أو رسمهم صورة على شاشة التلفزيون ويوفر للمشاهد القدرة على التحكم فيكون قادرا على الحصول على أي منتج أو خدمة يرغب فيها، ويساعد بذلك على مراقبة المشاهدين في منازلهم في أي وقت من الأوقات بحيث يمكن رسم المعالم النفسية للأفراد من بعد من خلال تحديد الرغبات والكشف عن الحاجات وإجابة الأسئلة الخاصة بالقلق أو الجاذبية أو الاهتمام، و هو ما جعل البعض يطلق عليه التلفزيون الجاسوسي spy.tv واستخدام هذه المعرفة لمعالجة ما يعرفونه أو يشعرون به و أخيرا ماذا يفعلون.

4- ايجابيات و سلبيات الانترنيت:

1. ايجابيات شبكة الانترنيت: لا يختلف اثنان أن لشبكة الانترنيت مزايا وايجابيات عظيمة ولها العديد من الخدمات في شتى مناحي الحياة، فلا تقتصر منافعها على اختصاص معين أو مجال معين بحد ذاته، بل خدماتها غير محصورة في مجال محدد و يمكن أن نلخص ايجابيات الشبكة في النقاط التالية:

- **الحصول على المعلومات:** (لقد مكنت الشبكة الفرد من استعمال الحاسوب للحصول على كم من المعلومات بأشكال مختلفة لم يكن يحلم بها أحد في الماضي، كل ذلك في مواقع متباعدة على وجه البسيطة إذ من خلال الاتصالات فائقة السرعة يستطيع الناس الارتباط ببعضهم وفي مواقع تبعدهم عن بعضهم آلاف الأميال وفي قارات متباعدة، كما أصبح بإمكان أي باحث الحصول على ما يريد من البيانات من مختلف المراجع العلمية، بل يستطيع التحدث أو إجراء المناقشات مع الغير حول العالم ممن يشاركونه اهتمامه). [186]

"و لا نستطيع فهم طبيعة الدور الذي تلعبه شبكة الانترنيت في حياة البشرية إلا إذا تخلينا الحجم الذي تداخلت به هذه الشبكة العالمية مع الحياة اليومية للإنسان اليوم، وهذا ما يتضح إذا لاحظنا أن محتوى الانترنيت يتناول كل جوانب الحياة، فهناك المحتوى الأكاديمي (الجامعي) الذي تتولى تقديمه والإشراف عليه هيئات ومراكز جامعية وبحثية، وهناك المحتوى الإعلامي الذي يشمل رسائل الإعلام المختلفة مطبوعة، مرئية، ومسموعة من خلال نسخها الالكترونية، إضافة إلى المحتوى المتعلق بالحضارة والفلسفة والأديان، وهي مجالات تطرح بكثرة في الانترنيت حيث توجد مواقع ومنتديات لكل المذاهب الدينية والفلسفية والتي يمكن للإنسان أن يطلع عليها من خلال الشبكة، كما توجد بها مواقع لمواد

عينية ومتنوعة لإشباع الهوايات وتوفير المعلومات لهواة السفر والسياحة طبعا". ⁽¹⁸⁷⁾

- **التجارة الالكترونية:** الملاحظ أن أكثر المعلومات المتوفرة على شبكة الانترنيت متعلقة بالجانب التجاري وقطاع الأعمال، حيث تستفيد المؤسسات الاقتصادية والشركات كثيرا من الشبكة لأغراض الإشهار والتعريف و التسويق.

"و يعتقد البعض أن بعثا جديدا للحياة قد أوجدته التكنولوجيات الرقمية وخلقت مفهوم المبادرة التجارية عن طريق بروز طبقة كبيرة من أصحاب المبادرات التجارية للشبان كاشفة لهم أنهم هم أنفسهم وليس العمليات التي تديرها الحكومة أو استراتيجيات التنمية التي تنفذها السلطة المركزية الذين يجلبون الثروة، إذ أصبح من الممكن أن يقتني شاب أو شابة جهاز الحاسوب، ويرتبط بالانترنيت ويبتدئ في إقامة مشروع تجاري خدماتي، يقدم خدمات معلومات عن سوق العمل مثلا، كما يمكن لخريج جامعي عاطل في دولة فقيرة أن يصنع تصاميم ويبيعها عبر الانترنيت لشركات متخصصة وبالتالي ينتظر أي منهما مجئ رجل ثري لإنشاء مصنع،كانا سيكافحان من أجل أن يحصلا على وظيفة لديه". ⁽¹⁸⁸⁾

"وتوسعت الأعمال التجارية من بيع وشراء للمؤسسات والأفراد من خلال الانترنيت، وهو ما يحدث فعلا الآن في الدول الصناعية على نطاق واسع، ويعزي نجاح البيع والشراء بالانترنيت، إلى تطوير إمكانية استخدام طرق المصارف الحديثة، في تحويل الأموال من خلال البطاقات المصرفية Cart Bank لحساب المشترك، كما يمكن عرض البضائع وكل ما يحتاجه الفرد من عمليات البيع والشراء، ومن تحويل للأموال تتم بواسطتها". ⁽¹⁸⁹⁾

[و تعتبر الانترنيت التجارية أحدث التطورات في تاريخ الانترنيت COMERCIAL SERVICE PROVIDERS فمع الضغوط التي مارستها الشخصيات النافذة في الولايات المتحدة و في دوائر الحكومة الفيدرالية على وجه الخصوص وفي داخل الشبكات البشرية من أصحاب المصالح، أصبحت

الاستجابة لهذا المطلب أمرا لا مفر منه خاصة بعد أن اتضحت القيمة الحقيقية للمعلومات، واستطاعت عديد الشركات بالتعاون مع بعض النافذين في الحكومة أن يبدؤوا مشروعا يفسحوا بموجبه المجال للعامة وللزبائن الجدد الراغبين والمستفيدين من هذا النوع من الخدمات للدخول إلى الشبكة واستخدامهم لأغراضهم التجارية، وقد انشقت مجموعات من صناع وموفري الخدمة من منظمات كانت توفر خدماتها لتجمعات الباحثين و أساتذة الجامعات فأسسوا شركات خاصة بهم، وبعض الشركات تطورت من منظمات استلهمت خبرتها في إدارة الشبكات من نوع آخر من الشبكات وبعض الشركات انبثقت من مجموعات صغيرة من المشتغلين بالمعلومات و من الخبراء، كل هذه الأشكال والأنواع من الشركات اتحدت مع بعضها البعض لتكون الانترنيت التجارية].[190]

[ومع تطور تكنولوجيا Web تدعم التسويق والإعلان والمبيعات في عديد من الطرق، فكثير من العملاء يصلون لمواقع Web الشركة، قبل استهلاك وقت لعمل مكالمة تليفونية أو إيجاد معلومات عن المنتج، هؤلاء العملاء يجدون من السهل رؤية معلومات مشتركة على الخط، ولتلبية احتياجات هؤلاء العملاء، فإن مؤسسات التسويق والمبيعات تستعمل الشبكة Web لتقديم كلا رسائل منتجات مشتركة، وتعرض أوصاف المنتج والخدمة، وتعلن عن منتجاتها أو خدماتها، وتقدم توضيحات عن المنتج لمعظم العملاء الهامين، وتعرض التحسينات في المنتج الحالي والتخفيضات و تقدم أشكال متفاعلة لشراء منتجات و خدمات].[191]

واتسعت التجارة الالكترونية عبر الانترنيت مع تطور الإعلان فيها "فقد أضحت الشركات تلجأ إلى إنشاء متاجر على Web.

Shop on the Web تقوم بتزويده بصفة منزلية Home Page لكي تعمل كواجهة للمتجر، وتبدو مثل هذه الصفحات جذابة لأنها تقوم بعرض بعض السلع والخدمات المتاحة بالداخل، والتي يمكن التعرف عليها بضغطة واحدة على الفأرة الملحقة بجهاز الكمبيوتر، وقد قادت ماكدونالد

McDonalds قافلة المعلنين الرئيسيين على الطريق السريع للمعلومات، وذلك من خلال نشر إعلانات في قسم الترفيه على خدمة أمريكا أونلاين American Online، و لم يجد تجار السيارات معلومات على شبكة الأنترنت فحسب، بل وجدوا أيضا صفقات من مئات الوسطاء في السيارات عبر الولايات المتحدة من خلال الخصم الذي يقدمه التجار على الأنواع المختلفة من السيارات، وأصبح البائع والمشتري من دون وسطاء، مما وفر للمشترين آلاف الدولارات مقارنة بالأسعار التي يقدمها الوسطاء".(192)

- التعليم و البحث العلمي:

يرى الخبراء أن الانترنيت أضحت من أنظمة التعليم الجديدة لأنها توفر معلومات متنوعة وجادة مع كل ما يستلزمه ذلك من أدوات وبرامج وموجهات وفرص، للقيام باتصالات جديدة و الدخول إلى قواعد البيانات الرئيسية.

[ويؤكد الباحثون أن التعليم لم يبلغ بعد لا في أمريكا ولا في أوروبا، سوى مرحلة بدائية، حيث تنقل بعض الدروس من الجامعات إلى المنازل، ولكي يكون التعليم بالانترنيت أكثر شمولية يجب إيجاد بيانات الكترونية غنية وباعثة على الاهتمام، وتشمل تطوير الوسائط السمعية و البصرية، على أن يكون ذلك منطلقا لتخطيط علمي جاد، وثمة حلم يراود أذهان الناس حول دخول الجامعات المفتوحة Open Universities، إلى منازل المشتركين بخدمة الانترنيت، أي التعليم عن بعد].(193)

"وفي الوطن العربي بدأ اهتمام بعض المدارس الخاصة، والمعاهد والجامعات بالانترنيت، للانتقال إلى مستوى آخر من مستويات التعليم، و يظهر فيها العديد من مواقع الجامعات والمدارس، ووافق ذلك تخفيض تكاليف اشتراك الطلاب والأساتذة في بعض الأقطار العربية إلى نصف المبلغ المعتاد، وفعلت ذلك شركة جلوبال وان في الأردن، وأنشأت غرفة تجارة دبي في الإمارات كلية

للدراسات التطبيقية Dubaï Polytechnique وتسعى الكليـة إلى تقنيـات الانترنيت المتقدمة في مجال التعليم عن بعد". [194]

"و برزت مظاهر حديثة في مجال الكتاب، فقد أصبح هناك دعامة جديدة تمثلت في أقراص سي دي روم التي أصبحت الآن تضم كتبا وموسوعات مصورة ناطقة وتحتوي على صور ملونة ورسومات.

كما تطور مفهوم النشر من خلال شبكة الانترنيت إلى ما أصبح يعرف بالنشر الالكتروني، وأصبح المهتمون بالكتاب قادرين على الحصول على قوائم كاملة لأسماء الكتب التي صدرت في مجال التخصص المرتبط بهم في كل دول العالم، كما أصبح بوسعهم دخول على المكتبات الكبرى مثل مكتبة الكونغرس والتجول في جوانبها وأزقتها عبر الشبكة، كما أصبح من السهل الحصول على الكتب التي يرغب القارئ في الحصول عليها". [195]

و من ناحية أخرى أتاحت الشبكة أمام الباحثين في مجال معين الحصول على عناوين الكتب والرسائل العلمية ذات العلاقة بموضوع دراستهم، وكذا أتاحت إمكانية توجيه أسئلة للخبراء في مجال التخصص في جميع أنحاء العالم عبر البريد الالكتروني.

إذن فإيجابيات شبكة الانترنيت كثيرة وعديدة لا يمكن أن نحصرها نظرا لتنوع خدماتها، ويمكن أن نلخص مزاياها في النقاط التالية:

- سرعة وصول المعلومات إلى الجماهير وزيادة تطوير البحث العلمي وتسهيل عملية الاتصال بين العلماء والباحثين.
- دفع عجلة التقدم العلمي في مختلف التخصصات العلمية.
- تفعيل وتشجيع التجارة الالكترونية بين دول العالم.
- زيادة وسائل الترفيه والتسلية لشغل وقت الفراغ.

ب- سلبيات شبكة الانترنيت:

(يكمن الخطر في شبكة الانترنيت في التدفق المعلوماتي غير المسيطر عليه وعدم امتلاك بعض المجتمعات المتلقية وخاصة العربية منها لخيار الانتقاء، وهذا ما أدى إلى نتائج و إفرازات سلبية، وبروز سوء الاستخدام لها من قبل المشتركين، وأضحت حياة الناس الشخصية عرضة للانتهاك والاقتحام، فيمكن بالانترنيت الكشف عن أسرار الناس على نحو لم يسبق له مثيل مثل حساباتهم في البنوك، حالتهم الصحية حياتهم الخاصة، وهكذا طرحت حرية الإنسان في إطار جديد، يسيء إلى الأديان والقيم و الثقافات، و نشر للرذيلة و الانحلال و العنف و المخدرات).[196]

تعرف شبكة الانترنيت تدفقا مذهلا للمعلومات وهذا يؤدي حتما إلى اختلاط الثقافات "ذلك أن الطرق السريعة للمعلومات تلعب دورا مهما في التغير الثقافي العالمي، وإذا سلمنا بأن شعوب العالم لا تمتلك وسائل التكنولوجيا للعتاد والبرمجيات بنفس القوة فإن الدول الأكثر امتلاكا للوسائل هي التي تفرض ثقافتها وتحاول أن تهيمن على ثقافات الشعوب الضعيفة اقتصاديا، وبالتالي تتعرض هذه الأخيرة لخطر الذوبان في ثقافة الغرب الساحرة والمغرية، والتي تمثل تهديدا حقيقيا لثقافات الشعوب.

(فإذا كان "غورسمان" صاحب كتاب "الحوار الالكتروني" يجلب انتباه المجتمع الأمريكي إلى مخاطر الجمهورية الكترونية فإن أكثر من مليار مسلم اليوم سيكونون من دون شك فريسة سهلة لمخاطرها، لأن الانترنيت أضحت أخطبوطا محيرا ملأ الدنيا ضجيجا و أوعز إلى الجميع أن الذي لا يستخدمها يعد خارج نطاق الحياة والمستقبل، فلا بد أن تكون صورة الحياة الغربية النموذج الوحيد للبشر).[197]

و تكون بذلك الغاية القصوى للغرب خلخلة الانتماء الثقافي للمجتمعات التي تشعر بالتمايز الثقافي، وتقضي بهم إلى الإحساس بالعجز، وتصير الشعوب المستضعفة تسير في قناة الجمود و التقليد.

و إذا كانت شبكة الإنترنيت تتسم بالاتصال القوي والتفاعل فإن ذلك يؤدي إلى تأثيرات اجتماعية خطيرة على الأفراد وينعكس ذلك على شبكة العلاقات الاجتماعية في مختلف المجتمعات، ومن أكبر التأثيرات:

1. العزلة: ISOLATION

(تعتبر العزلة أو توحد المستخدم مع جهاز الحاسب من أهم قضايا التأثيرات الاجتماعية، والموضوعات الأكثر جدلا بين الباحثين والخبراء في استخدام شبكة الانترنيت، نتيجة خاصة الاستغراق التي يتسم بها استخدام الموقع والتجول بينها وفي محتواها نتيجة هذا الاستغراق FLOW أو ما يطلق عليه في بعض بحوث الاتصال وعلم النفس إدمان الانترنيت، نتيجة هذا الاستغراق انتهى كثير من الباحثين إلى الإقرار بعزلة المستخدمين وعدم حاجتهم إلى الاتصال بالآخرين، وذلك ينعكس سلبيا على الأفراد في علاقاتهم بالآخرين وخصوصا على مستوى الأسرة والأصدقاء).[198]

فاعترافات المدمنين على الانترنيت تشير إلى أن هناك بعدا مختلفا لنفس الانترنيت التي تراها تتجمد في وسائل الإعلام كل يوم، و بدلا من أن تصبح المنقذ التكنولوجي في هذا الزمان، قد تظهر الانترنيت على أنها إدمان الألفية، متجاورة حتى التلفاز وسيطرته القوية على عقولنا و نفوسنا.

فهذا "بوب" ميكانيكي السيارات الذي يبلغ العمر 38 عاما من نيوجرسي، يضيع في مجموعات المحادثة على الشبكة، حيث يقضي معظم ساعات وقت فراغه في القراءة ، والرد على ما يرده إلى بريده الكتروني من رسائل تتعلق بالتجارة والسياسة، وحتى تصليح السيارات،

وتحضير المشروبات وعندما تدعوه زوجته وطفلاه لمشاركتهم في رحلة تخييم خلال الإجازة الأسبوعية، أو حتى الذهاب معهم إلى السينما، يخبرهم بأن يذهبوا بدونه، وعندما يتوسل إليه ابنه "جوش" البالغ من العمر 13 عاما ليشاركه في بعض رميات كرة السلة، يرد عليه بالقول: ألا ترى بأني مشغول؟ ومرة كان مستغرقا جدا في طباعة نصيحة حول تصليح السيارات لـ"صديق"من منطقة الوسط الغربي لدرجة أنه نسي إحضار طفلته "تريسي" من المدرسة.(199)

و هذه "جنيفر" البالغة من العمر 17 عاما، طالبة متفوقة في المدرسة الثانوية وعندما استسلمت لسيطرة غرف المحادثة التي يريدها المراهقون، حيث كانت تعبر عن مشاعر الخوف وعدم الاطمئنان لديها ما يزيد عن مائة ساعة في الشهر الواحد، وخلال سنة تهاوت درجاتها المدرسية، وابتعدت عن أصدقائها في الحياة الحقيقية، وعن عائلتها، كما بدأت تشكو من أعراض أمراض لم يستطع أي من الأطباء التعرف عليها(200)، و هناك حالات كثيرة فقد فيها الأفراد مناصب عملهم وتم طردهم بسبب إفراطهم في استخدام الانترنيت في أوقات العمل في مكاتبهم، أو أثناء الليل فيؤدي ذلك إلى تخلفهم المتكرر عن العمل، وكثير من الأزواج ضاعوا في غرف المحادثة عبر الانترنيت فأهملوا واجباتهم الزوجية و العائلية وانشغلوا عن أبنائهم وأدى ذلك إلى تمزق العائلة وتشتتها، وحالات أخرى من الطلبة الذين انغمسوا في استخدام مواقع الانترنيت والمحادثة وأهملوا واجباتهم المدرسية والأسرية والأصدقاء فتراجعت نتائجهم المدرسية.

و هذه الأمثلة التي قدمتها لأوضح أن الإدمان على الانترنيت مثل الإدمان على الكحول والمخدرات، وأن المدمنين يعانون من مشاكل كبيرة في العائلة، العمل، العلاقات مع الناس والمدرسة.

2. المجتمع الافتراضي: Virtual Reality

حقيقة أن تكنولوجيا الاتصال والتفاعل على شبكة الانترنيت قد ساهمت في بناء هذه المجتمعات الافتراضية ودعمها من خلال الأدوات الخاصة بالاتصال والتفاعل، وزيادة مواقع المناقشة والحوار في المنتديات إلا أن السؤال الأهم في هذه الحالة، هو دراسة ظاهرة البحث عن هذه المجتمعات وتشكيلها والانتماء إليها في إطار التقييم الشامل للأطر الثقافية والاجتماعية في المجتمعات الحقيقية، حيث أن هذه الأطر في حالات عديدة قد تكون طاردة إلى المجتمعات الافتراضية التي يشعر فيها المستخدم بذاته وحريته في التفاعل والتقرير والتعبير عن آرائه بعيدا عن القيود المتعددة في المجتمعات الحقيقية. [201]

وهناك من يسمي المجتمع الافتراضي بالهجرة إلى الخيال أو الخائلية، (و نعت الخائلي Virtuel و نعني به هنا كل ما يحاكي الواقع أو يناظره إلى درجة يخيل لنا معها أنه واقع، ونعني به أيضا ما يتجاوز حدود هذا الواقع لكنه وعلى الرغم من تجاوزه يؤخذ مأخذ واقعي، و يتعامل معه على أنه في حكم الفعلي القائم). [202]

3. الإثارة الذهنية:

(يعتبر الإدمان على الانترنيت تجاوزا للرغبة في الهروب من الواقع، واللجوء إلى عالم الكتروني ليس له حدود وهو أمر متعدد الأبعاد، فالنسبة لمحبي الكمبيوتر، تداعب الإنترنيت الأحاسيس بقوتها وقدراتها الهائلة على الربط والاتصال، فعندما نتحدث عن الانترنيت فأنت نتحدث عن قوة، تعتبر أقوى أداة للمعلومات عرفتها على الإطلاق، كما أخبرني ديف: عندما أكتشف عالم الانترنيت أشعر مثل الرجل الآلي في غيلم الدارة الكهربائية القصيرة، فأنا أحتاج إلى المزيد من المدخلات! المزيد من المدخلات!.

يشعر ديف "بوخز ناجم عما أسميه الإثارة الذهنية"MINDTHRILL تحفيز الإنترنيت المستمر للأحاسيس الذي تصاحبه وفرة المباهج الإلكترونية). [203]

"فإذا لجأت إلى الإنترنيت بحثا عن معلومات، ستجد طرقا و مآرب من الحقائق، والآراء والإحصائيات والبيانات التي قلما تبدو أمرا روتينيا و إذا أخذت جميع القنوات، وضاعفتها خمسين مرة، لن تقترب من التوافق مع عدد مصادر المعلومات التي تجدها أمامك على الشبكة وقد أخبرني بعض المدمنين على الإنترنيت المتعطشين للمعلومات بأنهم يتأثرون كثيرا بما يرونه أثناء جلوسهم أمام جهاز الكمبيوتر لدرجة أنهم يرغبون في الدخول بأجسادهم إلى الانترنيت.

و يوضح "جوش" مبرمج الكمبيوتر البالغ من العمر"29" عاما ذلك بقوله: "في كل مرة ينتقل فيها عقلي بدوامة المعلومات شديدة القوة هذه، أشعر بفورة الدم والنشاط في كل أنحاء جسمي، وفي كل مرة أدخل فيها إلى فضاء الانترنيت أصبح وعقلي متوحدين". [204]

4. انتشار جرائم الانترنيت:

أضحت حياة الناس الشخصية، عرضة الانتهاك والاقتحام، فيمكن باستخدام الانترنيت الكشف عن أسرار الناس على نحو لم يسبق له مثيل، مثل حساباتهم في البنوك، حالتهم الصحية، حياتهم الخاصة، وهكذا طرحت حرية الإنسان في إطار جديد واختلت العلاقة بين الأشياء الخاصة للإنسان والأمور العامة، وهناك مخاطر أخلاقية للإنترنيت مصل التجسس والأخبار والمعلومات المكذوبة والأفلام الخليعة والإجرام وأخرى متصلة بالمخدرات والبغاء. [205]

وهناك قضايا كثيرة حدثت خلال الفترة الماضية بالإنترنيت فمثلا قام مجموعة من الأشخاص أطلقوا على أنفسهم أعضاء (طائفة بوابة السماء) في مدينة كاليفورنيا سنة 1997، بارتكاب عملية انتحار جماعية آلات

إلى وفاة 39 عضوا من خلال موقع أقاموا ببنائه بالانترنيت تحت إسم HEAVENGATE للتواصل مع جماعة أخرى متشابهة، واستغل زعيم الطائفة الانترنيت لغسل دماغ أتباعه.

وتعرضت شركة "ميموري" اكسبريس البريطانية المتخصصة في بيع شرائح ذاكرة الكمبيوتر لحادثة اختلاس بالإنترنيت عندما تلقت طلبا لشراء شرائح من شركة تقيم موقعا لها بالإنترنيت، لتكشف بعد ذلك أن الشيكات التي تم بموجبها تسديد ثمن السلع دون مؤونة وخسرت بذلك نحو خمس وأربعون ألف دولار أمريكي.(206)

و هذه بعض سلبيات شبكة الانترنيت، ولا يمكن لنا ذكر كل عيوبها و يمكن أن نلخص السلبيات في نقاط أهمها:

- لها تأثير في انتشار الأمراض النفسية، حيث أفرزت الثورة التكنولوجية أمراضا لم تكن معروفة من قبل مثل إدمان الكمبيوتر والانترنيت.
- ثورة المعلومات والاتصالات قد يكون لها آثار سلبية إذا أسيء استخدامها فتؤدي إلى انتشار الجريمة والعنف والفوضى واضطراب الأخلاق والسلوك.
- انتشار جرائم مستحدثة مثل التجسس الالكتروني وسرقة الملفات وتحويل الأموال من أرصدة الأشخاص والمؤسسات.
- تسمح للأفكار و المعتقدات المتطرفة سواء كانت دينية أو سياسية أو عنصرية، فتتــداول داخل الشبكة ولا أحد يستطيع ردعها.
- سهولة استغلال خدماتها في العمل الدعائي أو التخريبي و اللاأخلاقي، لهذا نجد أن معظم ما تتضمنه الشبكة من معلومات حاليا يتم إعداده وفق نظرة الجهات المسيطرة على التكنولوجيا أمريكا خصوصا، والغرب عموما.

خامسا: الهاتف الخلوي و استخداماته

تمهيد: التلفون المحمول ليس ابتكارا علميا مذهلا فحسـب، و لكنـه مـن أهم تقنيات القرن الحادي والعشرين، فيتوقع أن يتطور اسـتخدامه مـن أداة للصوت فقط ليصبح أداة متعددة الأغراض لها القدرة على إرسال

واستقبال الصوت والصورة وتلقي المعلومات مما يفتح عهدا جديدا لنظم الاتصال الشخصي وطبقا للإحصائيات نجد أن عددا كبيرا جدا من أبناء شعبنا يستخدمون هذه الأجهزة، وإن الزيادة في استخدامها زاد من إنشاء المحطات القاعدية اللازمة لها والتي عادة ما توضع فوق أسطح المنازل أو فوق أبراج بث خاصة بها. ولقد صاحب انتشار هذا النوع من التليفونات ومحطاته عدد كبير من الدراسات والأبحاث تشير إلى الأضرار الصحية الناجمة عن هذه المعدات، ومن الجدير بالذكر أنه لم يستطع أحد حتى الآن (2009) أن يجزم بأنه توجد أضرار ناجمة عن التلوث الكهرومغناطيسي- بما في ذلك استعمال التليفون المحمول نظرا لأن تلك الأضرار عادة ما تكون أضرار تراكمية تؤثر على الصحة بمرور الزمن.[207]

1- تعريف الهاتف النقال (الخلوي):

الهاتف النقال عبارة عن جهاز اتصال صغير الحجم مربوط بشبكة للاتصالات اللاسلكية والرقمية تسمح ببث واستقبال الرسائل الصوتية والنصية (الصوت) والصور عن بعد وبسرعة فائقة ونظرا لطبيعة مكوناته الالكترونية واستقلاليته العملية، فقد يوصف "بالخلوي" أو "بالنقال" أو الجوال أو المحمول، ومعروف أن الهاتف النقال الحالي هو الشكل المتطور للهاتف التقليدي "الثابت".[208]

2- نشأته و تطوره:

ترجع بدايته إلى ما كان يعرف باسم المذياع الهاتفي الذي نتج عن تطور التلغرافيا اللاسلكية في أوائل القرن العشرين. و في عام 1948 تم اكتشاف طريقة جديدة يسرت الاتصال بكل من لديه جهاز خاص ثم طورت أنظمة هاتفية وطنية تسمح لعدد محدود من المواطنين الانتفاع بخدماته (الأغنياء).

ومن الأنظمة الرائدة في هذا المجال مجموعة "طومسون"الفرنسية (1958) ثم النظام الهاتفي الأمريكي (AMPS) عام (1978) تلاها نموذج الشمال الأوروبي (NMT) معتمدا على نظام الهاتف التماثلي المتحرك والذي أصبح حينها

أول خدمة راديو هاتفية عملياتية في العالم، وبعد ذلك ظهر في بريطانيا النظام الخلوي الشامل (TACS) المتفرع عن نظام (AMPS).

في عام (1982) قامت معظم الدول الأوروبية إلى تكوين لجنة مشتركة كلفت بالعمل على إنشاء شبكة جديدة للاتصالات اللاسلكية تسمح باعتماد نظام رقمي مشترك.

و في أكتوبر 1991 أعلن عن ظهور النظام الأوروبي الشامل للاتصالات المتحركة (GSM) الذي لقي رواجا كبيرا في مختلف أنحاء العالم منذ عام 1998 بعدها جهزت شبكته العالمية بأنظمة راديو إرسالية بفضل 66 قمرا تغطي جميع العالم، و نتيجة لذلك انتشرت الهواتف النقالة بكثرة.

و يتوقع أن خمس سكان العالم سيمتلكون جهاز الهاتف النقال مع حلول عام 2006 مقابل شخص واحد من كل عشرة في الوقت الحالي، وفي أوروبا قد ترتفع النسبة لتتجاوز 100 أي أكثر من هاتف نقال واحد لكل شخص.[209] و بحلول عام 2011، قد يتضاعف عدد الذين يمتلكون الهاتف النقال لأنه أصبح في متناول الجميع.

3- التطور في مجال تكنولوجيا الاتصالات الهاتفية:

1. ظهور أجهزة تلفزيون تقوم بترجمة الصوت إلى عدة لغات و ذلك من تحويل إشارات الصوت إلى رموز رقمية يمكن تخزينها في الحاسوب الالكتروني ويتم ترجمة هذا الصوت فورا إلى عدد من اللغات الأخرى.

2. ستظهر (أو ظهرت حاليا) تليفونات قوية مزودة بكمبيوترات ذات إمكانيات متعددة، فيمكنها تداول وإدارة كتيب عناوين الأصدقاء و طلب المكالمات أوتوماتكيا، وتسلم الرسائل والفاكسات.

3. تستخدم الهواتف المزودة بشاشات مثل بيكاسو في آخر الأمر كتليفونات ذات تفاعلية وسيكون باستطاعتها تقديم خدمات العروض المدفوعة الأجر.

4. طرحت شركة يابانية في الأسواق جهاز "فيديو" صغير الحجم مزود بشاشة كريستال وكاميرا رقمية يرفق بالتلفون المحمول يمكن مستخدمه من تسجيل ما يرغب فيه من مواد ترفيهية وأخبار من الانترنت.

5. سيتم إنتاج الهاتف المحمول في آلاف الأشكال، بعضها قد يكون بلا سماعة في المقدور رؤية كل من الأخر عند إجراء المكالمة تليفونيا (وهذا النوع ظهر مؤخرا في اليابان 2006). [210]

6. سيكون بمقدور أولادنا حمل رسائل الاتصال الخاصة بهم أينما ذهبوا أو تكون مهمة الشبكة هي تحديد مكان تواجدهم وكيفية الوصول إليهم.

7. و في تطور آخر أيضا سيكون الهاتف المحمول الوسيلة الأكثر اتصالا بشبكة الانترنت في عام 2002 وما بعدها سيقل الاعتماد على خطوط التلفون العادية (و هو ما يحصل اليوم).

8. و أحدث ما وصلت إليه التكنولوجيا الحديثة في مجال الهواتف المحمولة ما استوحته سيدة الأعمال الأمريكية من فكرة هاتف محمول يرمى بعد استخدامه. [211]

4- مجالات استخدام الهاتف النقال:

بعد تطوير الشبكة العالمية للاتصالات اللاسلكية (GSM) أصبح الهاتف النقال كوسيلة اتصال متعدد وسريع يشغل في الكثير من نواحي حياتنا اليومية العامة والخاصة:

- **في المجال الإعلامي:** يعد التلفزيون المحمول من الوسائط المستحدثة مؤخرا لنقل الصورة الصحفية لاسلكيا عبر موجات الكهرومغناطيسية التي تسير في الغلاف الجوي، ويعد استخدام المحمول أكثر الطرق بساطة وسرعة لنقل الصورة الصحفية من موقع الأحداث إلى مقر الصحيفة مباشرة أو إلى القنوات الإعلامية السمعية والبصرية. [212]

- **في المجال التجاري:** أصبحت التجارة بواسطة الهاتف النقال ميسرة و ذلك في سياق ما يعرف بالتجارة الالكترونية، حيث حل محل الكمبيوتر كوسيلة اتصال

بالأسـواق العالميـة وإنجـاز العمليـات التجاريـة دون التقيـد بالمكـان والاستفادة من الخدمات البنكية المصرفية.

- **في المجال الصحي**: طورت نماذج لتقنيات الاتصال النقال خاصة بالأطباء ونظم الرعاية الصحية (و خاصة بالأطباء) و خاصة أثنـاء تـنقلاتهم وزيـاراتهم للمرضى.

- **في المجال التعليمي**: قد يستعمل الهاتف النقـال في الإرشـاد والتعليم خارج المدرسة للصغار والكبار في التعليم الموازي والرسمي.(213)

- **في مجال العلاقات الاجتماعية**:أصبح اليوم الهاتف النقال هـو البـديل في التفاعل مع الأفراد و الجماعات فبدل من زياراتهم والوصول إليهم أصبح الهاتف هو الوسيلة المفضلة عند العديد من الأفراد في الاتصال بـأفراد العائلـة أو الأصدقاء خصوصا إذا كانت المسافة بعيدة ولهذا يمكن أن نقول أن الهاتف المحمول حول العلاقات الاتصالية في ظل القرية الكونية إلى علاقات إلكترونية.

5- دوافع استخدام الهاتف الخلوي(المحمول):

تتزايد الخدمات التي يقدمها الهاتف النقال مما يدفع النـاس إلى اقتنائـه وبذلك يتزايد أعـداد المشـتركين في أرجـاء الكـون وهـو بـذلك يحقـق أهـداف الوسيلة الإعلاميـة ويمكننا اعتبـاره (أداة الإعلام) ينتهـي إلى وسـائل الإعلام الجماهيرية ولكون الهاتف النقال وسيلة إعلامية حديثة فقد أغرى البـاحثين في معرفة دوافع استخدام الناس لـه فجاءت دراسة عربية بعنوان: "دوافـع استخدام (الهاتف الخلوي لدى مشتركي) خدمات الهاتف الخلوي في الأردن عام 2000، من قبل الباحثة "خلـود إبراهيم القيسيـ"، وتوصـلت إلى نتـائج عديدة حول الدوافع في الاستخدام وهي:

- **دوافـع نفسـية**: وتتمثـل في حـب الظهـور والتميـز وتوفير الأمـان والاطمئنان والرغبة في التجديد والابتكار والاستقلالية وتجنب العزلة.

- **دوافع اجتماعية**: وتعني المحافظة على المكانـة الاجتماعيـة و تحقيـق القبول الاجتماعي.

- **دوافع مهنية**: و تعني الاستجابة لمتطلبات العمل و الحصول على صفقات عمل من خلال الاتصال المباشر والمستمر.

- دوافع وضعية: وتعني إدارة شؤون الأسرة ومتطلبات الحياة والسيطرة على المواقف والحالات الطارئة.

أما الدراسة الثانية فقام بها الباحث "كون **Kwon** "حول دوافع ومدركات مستخدمي الهاتف الخلوي في كوريا الجنوبية وهاواي وتتوصل إلى أن دوافع استخدام الهاتف الخلوي تتجسد في استخدامه في الحالات الطارئة والإنتاجية في العمل، والمسؤوليات العائلية والبقاء على اتصال دائم مع الأفراد الآخرين، أما الدوافع الداخلية وهي: المتعة في استخدام الهاتف، والشعور بالأمان، الشعور بالاستقلالية وعدم الشعور بالوحدة، ودوافع متعلقة بالضغوط الاجتماعية ويقصد بها (توقعات الآخرين، تعزيز الوضع الاجتماعي،مواكبة التغيرات الاجتماعية) وكذلك حجم الاستخدام للهاتف الخلوي ومداه.(214)

6- مخاطر الهاتف المحمول:

بلغ عدد مستخدمي الهاتف المحمول في العالم حوالي مليار، وتتوقع منظمة الصحة العالمية أن يصل بحلول عام 2005 حولي (1.6 مليار مستخدم) وبالتالي زيادة عدد محطات التليفون المحمول والتي تزيد بدورها من المخاطر على صحة المواطنين في حال تجاوزها للشروط الفنية و الصحية و البيئية.(215)

و لقد صاحبت انتشار الهواتف النقالة ضجة إعلامية كبيرة حول المخاطر والأضرار الصحية والنفسية والاجتماعية التي قد يلحقها بمستعمله:

- **الأضرار الصحية:**

تشير الكثير من الشخصيات والمؤسسات والجمعيات الطبية بعض المخاوف حول الأضرار الصحية المحتملة التي يمكن أن يتسبب فيها استعمال أجهزة الهاتف النقال وذلك بسبب الطاقة المشعة من هوائي الهاتف الذي يكون قريبا من رأس الشخص أثناء عملية التهاتف.(216)

ولا زال التأثير الصحي لإشاعات محطات التليفون المحمول محط اهتمام قطاعات واسعة من المنظمات الأهلية والحكومية ومن كافة فئات الشعب، فبالنسبة للترددات المنخفضة جدا أي أقل من (300 هرتز) دعي المؤتمر الدولي الذي عقد في جنيف عام 1997، إلى مواصلة البحوث حول مدى ارتباط المجالات الكهرومغناطيسية منخفضة الترددات و بعض الأمراض مثل سرطان الدم (اللوكيميا) عند الأطفال وسرطان الثدي عند النساء وأمراض الجهاز العصبي المركزي و منها الزهايمر، فهناك دراسات جديدة حول إصابة الأطفال الذين يسكنون بجوار خطوط القوى الكهربائية ذات الجهد العالي بسرطان الدم أكثر من غيرهم ساكني المناطق الأخرى.[217]

وقد حاولت بعض الدراسات والبحوث الربط بين هذه الإشاعات و عدد من الأعراض والاضطرابات الفسيولوجية كالصداع والسخونة وارتفاع ضغط الدم والسرطان...).[218]

وهناك بعضهم ربط بينها وبين إصابة بعض الأعضاء الداخلية (الأعضاء التناسلية، الكليتان...)

و قد أكدت المؤشرات والندوات التي أقيمت لدراسة هذا الموضوع أنه يوجد تأثير على الصحة العامة في حالة تجاوز حد الآمان طبقا للمعايير المعتمدة دوليا الاستخدام المحمول.

و أوصت بإجراء المزيد من الدراسات لمعرفة ما إذا كانت هناك تأثيرات ضارة أكثر عن استخدام هذا التليفون على المدى الطويل حيث أن مرض السرطان في الإنسان والناتج من تأثير مخاطر البيئة لا يمكن اكتشافه إلا بعد مرور أكثر من عشر سنوات منذ بداية التعرض، ولذلك نرى ضرورة تنفيذ الدراسات والأبحاث على المدى الطويل.

- وقد كثرت الشكاوي في الآونة الأخيرة من مستخدمي المحمول من أنهم يشعرون لبعض الظواهر المرضية مثل الصداع وألم وحركة سريعة في الجلد، رفة العين، ضعف الذاكرة وطنين في الأذن ليلا كما أن التعرض

لجرعات زائدة من الموجات الكهرومغناطيسية يمكن أن يخلف أضرارا بمخ الإنسان لأن أبريال الجهاز ثابت بالنسبة لرأس الإنسان ولذلك فإنها تتعرض لقدر أكبر من الإشعاع، كما يؤدي إلى زيادة سرعة النبضات العصبية و رفع ضغط الدم ويؤثر أيضا في معدل انقسام الخلايا عند الأطفال كما يؤدي، إلى عطل جهاز منظم ضربات القلب للذين يستخدمون المنظم.[219]

و لكن الأوساط العلمية الرسمية تبقى منقسمة حتى الآن و ذلك لافتقادها للدليل القاطع بسبب قلة الدراسات وخصوصية الحالات دراستها مما يجعل تعميم نتائجها أمرا غير منطقي هذا بالإضافة إلى بعض التنظيمات الصادرة من بعض اللجان والمعاهد الدولية المتخصصة في موضوع الإنسان والإشعاعات والتي تؤكد أن التعرض لمجالات الترددات اللاسلكية الصادرة عن النقال غير مضر لصحة الإنسان إذا لم يتجاوز حدود معينة.

7- الأضرار النفسية والاجتماعية:

1. إن الانتشار المفاجئ والسريع للهاتف المحمول في كثير من المجتمعات جعلت البعض يهتم به كنوع أو كفاية في حد ذاته وليس كوظيفة، وهذا ما يحدث عادة مع المبتكرات الجديدة.

2. و معروف أن مثل هذه التكنولوجيا الحديثة أحدثت تغيرات سلبية في طبيعة العلاقات الاجتماعية وفي بعض القيم والمبادئ (العزلة، التشتت الذهني...) نتيجة الاستغناء عن التنقل والتعامل مع أكثر من قناة معرفية في وقت واحد.[220]

3. التلفون المحمول و قيادة السيارة: لقد أشارت الأبحاث و الدراسات إلى أن معظم حوادث المرور تقع أثناء انشغال السائقين بالحديث بالتلفون المحمول.[221]

4. يشعر الكثير من الشباب بأنهم لا يستطيعون الحياة بدون النقال و هي دالة على سلوك الإدمان الخطير، وقد زادت شعبية النقال عند الأمهات مما أدى انتشار استعماله بين الأطفال في تحديد جداول المدرسة والإنذارات الخطرة

ومتابعة مواقع الأطفال وبرامجهم التعليمية على الانترنت. كما أصبح الهـاتف المحمول بمثابة الحبل السري للطفل ورمز الاستقلالية عن والديه..

يمكن الاستفادة من تكنولوجيا الهاتف النقـال لمسـاعدة الشبـاب في التفاعل مع مشكلات العـالم لا للابتعـاد عنهـا، فـإن ذلك يحتـاج لعمـل جـاد لتطوير هذه التكنولوجيا وليس السيطرة عليها.

خاتمـة:

لقد شهد العالم المعاصر تطور سريعا وكبيرا في مختلف جوانب الحياة خاصة في مجال تكنولوجيا الاتصال والإعلام سواء مـن حيـث الاسـتخدام أو التأثير وقد ساهمت هـذه الأخـيرة في تعزيـز ظاهرة العولمة حيث اختزلت الزمان و المكان حتى أصبح العالم وكأنه قرية صغيرة جديـدة مـما سـهل مـن الانتقال السريع للأفكار والمعلومات وأنماط الحياة.

و قد جاء هذا الكتاب ليلقي الضوء عـلى تطور تكنولوجيا الاتصال والمعلومات ويبرز إيجابياتها وسلبياتها وكيفية توظيفها توظيفا سـليما يخـدم الإنسان والإنسانية جمعاء، وفي المقابل كيفية تجنب أو على الأقل الحـد مـن سلبياتها استخداما وتأثيرا.

و يمكن ذكر أهم النتائج التي توصلنا إليها في هـذا الكتـاب باختصار فيما يأتي:

- تكنولوجيا الاتصال والمعلومات في تطور دائم وسريع و يمكن تسـمية عصرنا هذا بعصر تكنولوجيا الاتصال والمعلومات.

- أصبح عالمنا اليوم وكأنه قرية صغيرة دون حدود بين الدول والقارات.

- القادرون على التعامل الجيد مع تكنولوجيا الاتصال والمعلومات و التكيـف مع متغيراتها السريعة هـم الأجـدر عـلى مسـايرة التطـور الحيـاتي في مختلـف ميادين الحياة.

- أثار تكنولوجيا الاتصال والمعلومات شملت جميع مجالات الحياة: السياسية والاجتماعية والرياضية والثقافية والتعليمية والاقتصادية، فمثلا عـلى المستوى الاقتصادي أدت إلى ظهور اقتصاد جديد يسمى: "اقتصاد المعلومات".

- في ظل العالم الذي نعيشه اليـوم يستحيل القطيعـة مـع ثـورة التكنولوجيـا الاتصال والمعلومات ولهذا يجب التكيف الإيجابي معها.

- تكنولوجيا الاتصال والمعلومات أوجدت طرقا جديدة ومتعددة للاتصـال و تبادل المعلومات.

هوامـــــش الكتـــــاب:

1- سمير إبراهيم حسن: **الثورة المعلوماتية عواقبها وآفاقها**، مجلة جامعة دمشق للآداب والعلوم الإنسانية، (دمشق: جامعة الآداب والعلوم الإنسانية، المجلد، 18، العدد1، 2002)، ص210.

2- نصيرة بوجمعة سعدي: **عقود نقل التكنولوجيا في مجال التبادل الدولي**، (الجزائر: ديوان المطبوعات الجامعية، 1992)، ص8.

3- عبد الأمير الفيصل: **الصحافة الالكترونية في الوطن العربي**، (عمان: دار الشروق للنشر والتوزيع، 2005)، ص ص 15-14.

4- عدى قصور: **مشكلات التنمية ومعوقات التكامل الاقتصادي العربي**، (بيروت: دار الطباعة و النشر، ط1، 1984)، ص35.

5- محمد عبد الشفيع عيسى: **العالم الثالث والتحدي التكنولوجي الغربي**، (بيروت: دار الطبعة والنشر، ط1، 1984)، ص 35.

6- محمد جمال الفار: **المعجم الإعلامي**، (عمان: دار أسامة المشرق العربي، 2006)، ص 87.

7- محمد جمال الفار: المرجع السابق، ص27.

8- محمد جمال الفار: المرجع السابق، ص ص 102-103.

9- حسن عماد مكاوي، ليلى حسين السيد: **الاتصال ونظرياته المعاصرة**، (القاهرة: الدار المصرية اللبنانية، 2002)، ص ص، 100- 102.

10- حسن عماد مكاوي: المرجع السابق، ص ص، 104-.105.

11- إبراهيم عبد الـلـه المسلمي: **نشأة وسائل الإعلام و تطورها**، (القاهرة: دار الفكر العربي، ط2، 2005)، ص.ص، (302-308).

12- موسوعة لاروس: **الاتصالات من البداية حتى الانترنت**، ترجمة: أنطوان الهاشم، (بيروت: عويدات للنشر و الطباعة، ط1، 2002)، ص .46

13- حسن عماد مكاوي، ليلى السيد: **مرجع سابق**، ص ص، 103- .104

14- خلاف جلول: **وسائل الاتصال الحديثة وتأثيراتها على العلاقات الأسرية**، مذكرة ماجستير غير منشورة، (جامعة قسنطينة: الأمير عبد القادر، قسم الدعوة والإعلام، 2002-2003) ص .40

15- مؤيد عبد الجبار الحديثي: **العولمة الإعلامية**، (عمان:الأهلية للنشر و التوزيع، ط1، 2002)، ص54.

16- شطاح محمد، (و آخرون): القنوات الفضائية وتأثيراتها على القيم الاجتماعية و الثقافية و السلوكية لدى الشباب الجزائري، دراسة ميدانية، (عين مليلة: دار الهدى، د.ي)، ص 100.

17- خلاف جلول: مرجع سابق، ص45.

18- شطاح محمد: مرجع سابق، ص ص (100، 101).

19- عبد الفتاح عبد النبي: تكنولوجيا الاتصال والثقافة، (القاهرة: العربي للنشر و التوزيع، 1990)، ص، 81.

20- غسان منير حمزة سنو، علي أحمد الطراح: الهويات الوطنية والمجتمع العالمي والإعلام، دراسات في إجراءات تشكل الهوية في ظل الهيمنة الإعلامية العالمية (لبنان: دار النهضة العربية، ط2، 2002)، ص، 139.

21- عبد الفتاح عبد النبي: مرجع سابق، ص، 82.

22- محمود علم الدين: تكنولوجيا المعلومات و الاتصال ومستقبل صناعة الصحافة، (القاهرة: دار السحاب، ط1، 2005)، ص 75.

23- محمد عبد الحميد: الاتصال والإعلام على شبكة الانترنت، (القاهرة: عالم الكتب للنشر والتوزيع، ط1، 2007)، ص 52.

24- شطاح محمد: مرجع سابق، ص 28.

25- إياد شاكر البكري: تقنيات الاتصال بين زمنين، (عمان: دار الشروق للنشر والتوزيع،2003)، ص ص 25-26.

26- إياد شاكر البكري: المرجع السابق، ص 103.

27- بيوني إبراهيم حمادة: دراسات في الإعلام وتكنولوجيا الاتصال، (القاهرة: عالم الكتب للنشر و التوزيع، ط1، 2008)، ص 462.

28- محمد عبد الحميد: الاتصال والإعلام على شبكة الانترنت: مرجع سابق، ص ص 53 -55.

29- شطاح محمد: مرجع سابق، ص 29.

30- عبد الأمير الفيصل: الصحافة الإلكترونية في الوطن العربي، مرجع سابق، ص ص، 19-21.

31- محمد عبد الحميد: مرجع سابق، ص ص 55- 56.

32- عبد الأمير فيصل: مرجع سابق، ص 21.

33- محمد عبد الحميد: مرجع سابق، ص 56.

34- سمير إبراهيم حسن: الثورة المعلوماتية عواقبها وآفاقها، مرجع سابق، ص 212.

35- سمير إبراهيم حسن: المرجع السابق: ص، 221.

36- سمير إبراهيم حسن: المرجع السابق، ص 223.

37- سمير إبراهيم حسن: المرجع السابق: ص 225.

38- سمير إبراهيم: المرجع السابق: ص ص 225-226.

39- عبد الفتاح عبد النبي: مرجع سابق، ص 86.

40- شطاح محمد: التليفزيون والطفل، مجلة المعيار، (قسنطينة: جامعة الأمير عبد القادر، العدد7، ديسمبر، 2003)، ص 91.

41- ياس خضير البياتي: الاتصال الدولي والعربي، (عمان: دار الشروق للنشر والتوزيع، ط1، 2006)، ص 88.

42- عبد الرحمن عزي: دراسات في نظرية الاتصال، (بيروت: مركز دراسات الوحدة العربية، ط1، 2003)، ص ص 140-142.

43- إياد شاكر البكري: مرجع سابق، ص 100.

44- Bouhbila, Réception Tv pour Satellite, Technique de la Parabole à la portée de tous (Edition Distribution Houma, Alger-2000)pp 13-15.

45- حسن عماد مكاوي: تكنولوجيا الاتصال الحديثة في عصر المعلومات، (القاهرة: الدار المصرية اللبنانية، ط1، د.ت)، ص ص، 99-100.

46- عبد الله محمد عبد الرحمن: مرجع سابق، ص ص 37، 38.

47- عبد الله محمد عبد الرحمن : المرجع السابق، ص 39.

48- عبد الباسط محمد عبد الوهاب: استخدام تكنولوجيا الاتصال في الإنتاج الإذاعي و التليفزيوني، (المكتب الجامعي الحديث، د.ب، 2008) ص ص، 102-104.

49- سعيد غريب النجار: تكنولوجيا الصحافة في عصر التقنية الرقمية، (القاهرة: الدار المصرية اللبنانية، 2003) ص ص 99-101.

50- مي العبد الله: الاتصال و الديمقراطية، (بيروت: دار النهضة العربية،2005)، ص 184.

51- إياد شاكر البكري: مرجع سابق، ص، 26.

52- حسن عماد مكاوي: تكنولوجيا الاتصال الحديثة في عصر المعلومات، مرجع سابق، ص ص 80-83.

53- إياد شاكر البكري: مرجع سابق، ص ص 64-65.

54- حسن عماد مكاوي: مرجع سابق، ص ص 93-94.

55- حنان يوسف: **تكنولوجيا الاتصال ومجتمع المعلومات**، (القاهرة: مكتبة الساعي للنشر والتوزيع، 2006)، ص، 84.

56- زكي حسين الوردي، جميل لازم المالكي: **المعلومات و المجتمع**، (عمان: مؤسسة الوراق للنشر و التوزيع، 2002)، ص 212.

57- حسن عماد مكاوي: تكنولوجيا الاتصال الحديثة في عصر المعلومات، مرجع سابق، ص ص 204-206.

58- انظر: زكي حسين الوردي، جميل لازم المالكي: **المعلومات والمجتمع**، (عمان: مؤسسة الوراق للنشر والتوزيع، 2002)، ص 217.

59- حسن عماد مكاوي: مرجع سابق، ص ص 133-135.

60- Patrice Flichy: Une Histoire de la Communication Moderne (Alger: édition, Gasba, 2000) pp 182-188.

61- حسن عماد مكاوي: تكنولوجيا الاتصال الحديثة في عصر المعلومات، مرجع سابق، ص ص 136-137.

62- محمد شطاح: قضايا الإعلام في زمن العولمة بين التكنولوجيا و الإيديولوجيا، مرجع سابق، ص 10.

63- محمد شطاح: المرجع نفسه: ص، 11.

64- عبد المالك ردمان الدناني: **تطور تكنولوجيا الاتصال وعولمة المعلومات**، (الإسكندرية: المكتب الجامعي الحديث، 2008)، ص ص 26-28.

65- عبد المالك ردمان الدناني: المرجع السابق، ص ص 34-35.

66- مجد هاشم الهاشمي: **الإعلام المعاصر وتقنياته الحديثة**، (عمان: دار المناهج للنشر و التوزيع، ط1، 2006)، ص ص 162-164.

67- محمد قيراط: **الفضائيات العربية بحث عن الذات أم تقليد الآخر**، جريدة البيان الإماراتية، العدد، 334، السنة السادسة، أكتوبر،1997، ص 2.

68- انظر، محمد جاد أحمد: مرجع سابق، ص، 64.

69- أنظر، محمد جاد أحمد: المرجع السابق، ص ص، 65-67.

70- انظر، محمد جاد أحمد: المرجع السابق، ص ص 68.

71- أنور بن محمد رواس: **القنوات الفضائية العربية واقعها ومشكلاتها وآفاقها المستقبلية**، مجلة تلفزيون الخليج، عدد 57، ديسمبر 1999.

72- محمد جاد أحمد: **الإعلام الفضائي وآثاره التربوية،** (الإسكندرية: العلم و الإيمان للنشر و التوزيع،2008)، ص ص، 40-45.

73- محمد جاد أحمد: المرجع السابق: ص ص 40-47.

74- محمد جاد أحمد: المرجع السابق: ص ص 48-49.

75- محمد جاد أحمد: المرجع السابق: ص ص 55-56.

76- رجاء أحمد آل بهيش: **سيمياء الخطاب الدعائي،** رسالة دكتوراه غير منشورة (جامعة بغداد: كلية الآداب، 1998)، ص 306.

77- وديع محمد سعيد: **البث التلفزيوني الفضائي الوافد إلى اليمن، وعادات تعرض طلبة الجامعة،** مرجع سابق، ص ص 215-216.

78- Leonard Berkowtz: Aggression, A Social Psychological Analysis (New York: Megran-Hill,1980).p108.

79-إبراهيم إمام: **الإعلام الإذاعي والتلفزيوني،** (الكويت: دار الفكر العربي، ط2، 1995)، ص (132).

80- محمد كامل عبد الصمد: **التلفزيون بين الهدم والبناء،** (الإسكندرية: دار الدعوة للطبع والشر، ط2، 1999)، ص 94.

81- انظر، سعد لبيب: **برامج التلفزيون والتكنولوجيا الحديثة للاتصال في الوطن العربي،** في كتاب: الثورة التكنولوجية ووسائل الاتصال العربية، (تونس: العربية للتربية والثقافة والعلوم، 1991)، ص33.

82- محمد جاد أحمد: مرجع سابق، ص 91.

83- محمد أوبلقاسم أوجاجة: **عولمة الإعلام وتأثيره على اتجاهات وقيم الأطفال،** مجلة المعيار، (قسنطينة :جامعة الأمير عبد القادر، عدد07، ديسمبر،2003)، ص ص 112-113.

84- عبد الله بوجلال: مرجع سابق، ص ص 41-42.

85-Hamid Moulana: La Circulation Internationale de L'information Analyse et Bilan, études et Document D'Information, N:99 Unesco, p. 37.

86- إياد شاكر البكري: **تقنيات الاتصال بين زمنين،** (عمان: دار الشروق للنشر و التوزيع،2003)، ص ص 65-66 .

87- محمد عبد الحميد: **الاتصال والإعلام على شبكة الانترنت،** (القاهرة: عالم الكتب، ط1، 2007)، ص 158.

88- إياد شاكر البكري: مرجع سابق، ص ص 68-72.

89- محمد لعقاب: **وسائل الإعلام والاتصالات الرقمية**، (الجزائر: دار هومة، ط1، 2007)، ص 128.

90- إياد شاكر البكري: مرجع سابق، ص ص 68-72.

91- إياد شاكر البكري: المرجع السابق: ص ص 86-88.

92- محمد لعقاب: مرجع سابق، ص ص، 86-88.

93- إياد شاكر البكري: مرجع سابق، ص ص، 81-82.

94- السعيد دراجي: مرجع سابق، ص، 70.

95- عبد الله بوجلال: **آثار التلفزيون على المشاهدين**، المجلة الجزائرية للاتصال، (الجزائر: معهد الإعلام والاتصال، ع2، 1999)، ص 75.

96- إبراهيم إمام : **الإعلام الإذاعي والتلفزيوني**، (القاهرة: دار الفكر العربي، دط، دت) ،ص.ص، (131-133).

97- محمود علم الدين: **تكنولوجيا المعلومات وصناعة الاتصال الجماهيري**، (القاهرة: العربي للنشر والتوزيع، 1999)، ص.ص، (15-16).

98- Cristina Maina: De La Presse Ecrite a La Presse Electronique (vers un Nouveau Média? (ADBS éditions: France, 1996) p.(18).

98- محمد لعقاب: مرجع سابق، ص ص 18-19.

100- عبد الله محمد عبد الرحمن: **سوسيولوجيا الاتصال والإعلام**، (الإسكندرية: دار المعرفة الجامعية، 2002)، ص 39-40.

101- إياد شاكر البكري: مرجع سابق، ص ص، 98-99.

102- إدريس أحمد علي: **تقنية الحاسب الآلي**، (بيروت: دار النهضة العربية، 1997)، ص ص 5-7.

103- محمد سيد فهمي: **تكنولوجيا الاتصال في الخدمة الاجتماعية**، (القاهرة: دار المكتب الجامعي، 2006)، ص ص128-129.

104- محمد سيد فهمي: مرجع سابق، ص ص 128-129.

105- محمد سيد فهمي: المرجع نفسه، ص ص 128-129.

106- عبد الباسط محمد عبد الوهاب: مرجع سابق، ص 127.

107- سمير إبراهيم حسن: الثورة المعلوماتية عواقبها و آفاقها، مرجع سابق، ص 207.

108- محمد عمر الحاجي: الانترنيت ايجابياته وسلبياته، (دمشق: دار المكتبي، ط1، 2002)، ص13.

109-خليل صابات، جمال عبد العظيم: **وسائل الاتصال نشأتها وتطورها**، (القاهرة: مكتبة الانجلو مصرية، ط9، 2001)، ص 521.

110- مؤيد عبد الجبار الحديثي: **العولمة الإعلامية**، (الأردن: الأهلية للنشر و التوزيع، 2002)، ط1، ص85.

111- مؤيد عبد الجبار الحديثي: مرجع سابق، ص89.

112- عبد الملك ردمان الدناني: **الوظيفة الإعلامية لشبكة الانترنات**، (القاهرة، دار الفجر، ط1) ص62.

113- مؤيد عبد الجبار الحديثي: **العولمة الإعلامية والأمن القومي العربي** (عمان:الأهلية للنشر، ط1، 2002)، ص90.

114- خضير شعبان: **معجم المصطلحات الإعلامية**، (بيروت: دار اللسان العربي، دط)، ص17.

115- محمد عبد الحميد: **الاتصال والإعلام على شبكة الانترنيت**، (القاهرة، عالم الكتب ط1، 2007)، ص 65.

116- محمد عبد الحميد: الاتصال و الإعلام على شبكة الانترنيت، مرجع سابق، ص65.

117- عبد الأمير الفيصل: الصحافة الالكترونية في الوطن العربي، مرجع سابق، ص 29.

118- محمد عبد الحميد: مرجع سابق، ص 59.

119- بسيوني إبراهيم حمادة: **دراسة في الإعلام والتكنولوجيا الاتصال**، (القاهرة: عالم الكتب 2008)، ص 122.

120- حسنين شفيق **: الإعلام التفاعلي**، (القاهرة : المعهد العالي للإعلام و الفنون، دط،2008)، ص 29.

121- حسنين شفيق: المرجع السابق، ص 33.

122- حسنين شفيق: المرجع السابق، ص33.

123- حسنين شفيق: المرجع السابق، ص 35.

124- محمد عبد الحميد: الاتصال والإعلام على شبكة الانترنيت: مرجع سابق.ص 65.

125- بسيوني إبراهيم حمادة : مرجع سابق، ص 123.

126- محمد عيد الحميد: الاتصال والإعلام على شبكة الانترنيت: مرجع سابق، ص.60

127- رضا عبد الواجد أمين: ، مرجع سابق، ص73.

128- بسيوني إبراهيم حمادة: مرجع سابق، 123.

129- أيمن منصور ندا: <u>الاختراق الثقافي عن طريق البث الوافد</u>، بحث مقدم إلى ندوة الاختراق الإعلامي للوطن العربي، (القاهرة: معهد البحوث والدراسات العربية، نوفمبر 1996).

130- محمد علي حوات، <u>العرب والعولمة</u>، (القاهرة: مكتبة مدبولي، ط2، 2004)، ص73.

131 مجلة رسالة معهد الإدارة: (العربية السعودية) العدد، 3، 1996، ص31.

132- عبد الملك ردمان الدناني: مرجع سابق، ص41.

133- محمد علي حوات: مرجع سابق، ص 74.

134- مجلة رسالة معهد الإدارة: مرجع سابق، ص.31

135- محمد عمر الحاجي: <u>الانترنيت ايجابياته وسلبياته</u> ، (دمشق: دار المكتبي، ط1، 2002)، ص 17.

136- محمد على حوات العرب و العولمة، مرجع سابق، ص 77.

137- محمد علي شمو: <u>الاتصال الدولي والتكنولوجيا الحديثة</u>، (الإسكندرية: مكتبة الإشعاع، ط1، 2002)، ص 229.

138- خليل صابات: جمال عبد العظيم: <u>وسائل الاتصال نشأتها وتطورها</u>، (القاهرة: مكتبة الانجلو مصرية، ط9، 2001)، ص 523.

139- عبد الملك ردمان الدناني: الوظيفة الإعلامية لشبكة، مرجع سابق ص 45.

140- خليل صابات: جمال عبد العظيم : مرجع سابق، ص 524.

141- أحمد عبدلي: <u>مستخدمو الانترنت</u>، (قسنطينة: جامعة الأمير عبد القادر، رسالة ماجستير،غ م،2002-2003 ص 88-89.

142- CERIST : Centre de Recherche et d'Information Scientifique et Technique.

143 - RINAF معناها الشبكة المعلوماتية الإفريقية.

144- محمد لعقاب: <u>الانترنيت وعصر المعلومات</u>، (الجزائر، دار هومة، د ط، 1999) ص 120.

145- N.Ryd: Fin du monopole sur le téléphone, inter net et les télécommunications : Le Privé entre en Ligne Quotidien Liberté, № 2209, Mardi 10 Janvier 200, p1.

146-Service d'Internent: http/: www.postlecom.dz/plat. Htm (24/03/2009).

147- DOMAINE.DZ : http://www.nic.dz (21/03/2009)

148- FORMATION DE FORMATEURS : http://transfer-ric.ed4.dz (21/03/2009).

149 - الجريدة الرسمية للجمهورية الجزائرية: 4 جمادى الأولى 1419هـ الموافق لـ 26 أوت 1998، العدد 63، ص4.

150- الجريدة الرسمية للجمهورية الجزائرية: 14 رجب 1421هـ الموافق ل 15 أكتوبر 2000، العدد 60، ص14

151- CERIST: Centre de recherche et d'information Scientifique et Technique.

152- av.wikipedia.org (24-03-2009)

153- الجريدة الرسمية للجمهورية الجزائرية. المرسوم التنفيذي رقم (85-56) المؤرخ في 7 جوان 1984، ص 302.

154- الجريدة الرسمية للجمهورية الجزائرية. رئاسة الحكومة، المرسوم التنفيذي رقم (307-2000) المؤرخ في 10 ديسمبر2000، ص 14.

155- وثائق إدارية سلمت من طرف مصالح اللجنة بوزارة البريد والمواصلات عنوانها: توصيات لجنة الانترنيت، الجزائر 13 ديسمبر 2001.

156- http:// www.av.wikipedia.org (14/04/2009)

157- http.//www.cyberlaw.net (le 10/03/2009)

158- الجريدة الرسمية للجمهورية الجزائرية: الصادرة بتاريخ 1998/08/25، العدد 63، ص6.

159- الجريدة الرسمية للجمهورية الجزائرية: الصادرة بتاريخ 2000/10/31، العدد 60، ص22.

160- الجريدة الرسمية للجمهورية الجزائرية: 27 ربيع الثاني 1426هـ الموافق ل: 05جوان 2005 العدد 39، ص 6.

161- جمال العيفة: **مؤسسات الإعلام والاتصال**، (عنابه، جامعة باجي مختار 2003،2004) ص101.

162- http// av.wikipedia.org (Le 10/03/2009)

163- عبد الملك ردمان الدناني، مرجع سابق ، ص 111.

164- عاطف السيد: **العولمة في ميزان الفكر**، (القاهرة: مطبعة الانتصار، د ط، 2001) ص49.

165- خليل صابات وجمال عبد المنعم: وسائل الاتصال، مرجع سابق، ص.533.

166- خليل صابات: جمال عبد العظيم: وسائل الاتصال: المرجع السابق، ص528.

167- مجلة الدعوة: (أسبوعية إسلامية شاملة) السعودية، العدد 1559، 1997، ص25.

168- عبد الملك ردمان الدداني: الوظيفة الإعلامية لشبكة الأنترنت، مرجع سابق، ص122.

169- خليل صابات جمال عبد العظيم : وسائل الاتصال: مرجع سابق، ص527.

170- غالب عرض النواسية: **خدمات المستفيدين من المكتبات و مركز المعلومات،** (عمان: دار الصفاء، د ط، 2000)، ص 293.

171- ربحي مصطفى عليان: **وسائل الاتصال و تكنولوجيا التعليم،** (عمان .دار الصفا لنشر و التوزيع، 2003)، ص120.

172- جمال العيفة: مرجع سابق، ص 99.

173- جمال العيفة: المرجع السابق، ص 100.

174- عبد الأمير الفيصل: مرجع سابق، ص32.

175- رضا عبد الواجد أمين: مرجع سابق، ص70.

176- هبة احمد شاهين: **استخدامات الجمهور المصري للقنوات الفضائية العربية** – رسالة دكتوراه غير منشورة، (جامعة القاهرة: كلية الإعلام، قسم الإذاعة و التلفزيون، 2001)، ص14.

177- حمزة بيت المال: **تصفح على شبكة الانترنيت في المملكة العربية السعودية،** بحث مقدم لندوة الإعلام السعودي- سمات الواقع واتجاهات المستقبل- المنتدى الإعلامي الأول، مارس 2003.

178- عبد الأمير الفيصل: مرجع سابق، ص43.

179- رضا الواحد أمين: مرجع ساق، ص93.

180- نجوى عبد السلام فهمي: **التفاعلية في الواقع الإخبارية العربية على شبكة الانترنيت** مجلة بحوث الرأي العامة، ديسمبر 2001، ص43.

181- محمود العمر: **هل تفهم لغة الكتابة في الصحافة الالكترونية:** مجلة العلم، العدد 309، جانفي 2003، ص 87.

182- محمد فتحي عبد الهادي: **الانترنيت و خدمات المعلومات،** المجلة العربية للمعلومات، المجلد 22، العدد2، (تونس: المنظمة العربية للتربية و الثقافة و الفنون، 2001)، ص122.

183- محمد عبد الحميد: الاتصال والإعلام على شبكة الانترنيت، مرجع سابق، ص 191.

184- رضا عبد الواجد أمين: مرجع سابق، ص 77.

185- محمد عبد الحميد: الاتصال والإعلام على شبكة الانترنيت، مرجع سابق،   ص 191.

186- مجلة الدراسات المالية والمصرفية:(المعهد العربي لدراسات: عمان 1995)، ص95.

187- محمد علي حوات: العرب والعولمة، مرجع سابق، ص78.

188- محمد علي حوات: المرجع السابق، ص79.

189- عبد الملك ردمان الدناني: مرجع سابق، ص125.

190- محمد علي شمو: الاتصال الدولي التكنولوجيا الحديثة،(الإسكندرية: مكتبة الإشعاع، ط1،2002)، ص232.

191- فاروق سيد حسنين: **الانترنيت شبكة المعلومات الدولية**، (القاهرة: دار هلا للنشر، 2002)، ص55.

192- شريف درويش اللبان: **الصحافة الالكترونية**، (القاهرة: الدار المصرية اللبنانية، 2005)، ص78.

193- عبد الملك ردمان الدناني: مرجع سابق، ص126.

194- الانترنيت في المدارس العربية: مجلة انترنيت العالم العربي: العدد3، الإمارات، نوفمبر 1998، ص50.

195- خليل صابات، جمال عبد العظيم: مرجع سابق، ص532.

196- عبد الملك ردمان الدناني: مرجع سابق، ص132.

197- مجلة الدعوة: (مجلة إسلامية جامعة)، المملكة العربية السعودية، العدد 1584، سنة 1994، ص21.

198- محمد عبد الحميد: الاتصال والإعلام على شبكة الانترنيت، مرجع سابق، ص277.

199- كمبرلي يونغ: **الإدمان على الانترنيت**، ترجمة هاني أحمد ثلجي، (بيروت: بيت الأفكار الدولية)، ص27.

200- كمبرلي يونغ: المرجع السابق، ص31.

201- محمد عبد الحميد: الاتصال والإعلام على شبكة الانترنيت، مرجع سابق، ص280.

202- نبيل علي: الثقافة العربية وعصر المعلومات، (الكويت: عالم المعرفة، 2001)، ص103.

203- كمبرلي يونغ: مرجع سابق، ص43.

204- كمبرلي يونغ: المرجع السابق، ص44.

205 - عبد الملك ردمان الدناني: مرجع سابق، ص62.

206- عبد الملك ردمان الدناني: مرجع سابق، ص133.

207-http://www.aun.edu.eg./assiuarabic/mag/A6.htm. تاريخ الزيارة 2009/01/6.

208- فضيل دليو: **مدخل إلى الاتصال الجماهيري**، (قسنطينة: مخبر علم الاجتماع الاتصال، جامعة منتوري، 2003)، ص 180.

209- فضيل دليو: المرجع السابق: ص ص 130-131.

210- عبد الباسط محمد عبد الوهاب: **استخدام تكنولوجيا الاتصال في الإنتاج الإذاعي و التلفزيوني**، (القاهرة: المكتب الجامعي الحديث، 2005)، ص ص 230-231.

211- فضيل دليو: مرجع سابق، ص، 131.

212- سعيد الغريب النجار: **تكنولوجيا الصحافة في عصر التقنية الرقمية**، (القاهرة: الدار المصرية اللبنانية، 2002) ص 105.

213- فضيل دليو: مرجع سابق، ص131.

214- مجد هاشم الهاشمي: الإعلام الكوني و تكنولوجيا المستقبل، (عمان: دار المستقبل للنشر والتوزيع، 2001)، ص 287.

215- http://www.aun.edu.eg/assiuarabic/mag/A6.HTM تاريخ الزيادة 2009/01/26:.

216- فضيل دليو: مرجع سابق، ص131.

217-http://www.aun.edu.eg/assiuarabic/mag/A6.HTM

218- فضيل دليو: مرجع سابق، ص131،.

219- مرجع سابق...http://www.aun.edu.eg

220- فضيل دليو: مرجع سابق، ص132.

221- http://www.aun.edu.eg

<u>المصادر و المراجع الأساسية:</u>

1- سمير إبراهيم حسن: <u>الثورة المعلوماتية عواقبها وآفاقها</u>، مجلة جامعة دمشق للآداب والعلوم الإنسانية، (دمشق: جامعة الآداب والعلوم الإنسانية، المجلد،18، العدد1، 2002).

2- نصيرة بوجمعة سعدي: <u>عقود نقل التكنولوجيا في مجال التبادل الدولي</u>، (الجزائر: ديوان المطبوعات الجامعية، 1992) .

3- عبد الأمير الفيصل: <u>الصحافة الالكترونية في الوطن العربي</u>، (عمان: دار الشروق للنشر والتوزيع، 2005).

4- عدى قصور: <u>مشكلات التنمية ومعوقات التكامل الاقتصادي العربي</u>، (بيروت: دار الطباعة و النشر، ط1، 1984).

5- محمد عبد الشفيع عيسى: <u>العالم الثالث والتحدي التكنولوجي الغربي</u>، (بيروت: دار الطبعة والنشر، ط1، 1984) .

6- محمد جمال الفار: <u>المعجم الإعلامي</u>، (عمان: دار أسامة المشرق العربي، 2006).

7- حسن عماد مكاوي، ليلى حسين السيد: <u>الاتصال ونظرياته المعاصرة</u>، (القاهرة: الدار المصرية اللبنانية، 2002).

8- إبراهيم عبد الله المسلمي: <u>نشأة وسائل الإعلام وتطورها</u>، (القاهرة: دار الفكر العربي، ط2، 2005).

9- موسوعة لاروس: <u>الاتصالات من البداية حتى الانترنت</u>، ترجمة: أنطوان الهاشم، (بيروت: عويدات للنشر والطباعة، ط1، 2002).

10- خلاف جلول: <u>وسائل الاتصال الحديثة وتأثيراتها على العلاقات الأسرية</u>، مذكرة ماجستير غير منشورة، (جامعة قسنطينة: الأمير عبد القادر، قسم الدعوة والإعلام، 2002-2003).

11- مؤيد عبد الجبار الحديثي: <u>العولمة الإعلامية</u>، (عمان: الأهلية للنشر والتوزيع، ط1، 2002).

12- شطاح محمد، (وآخرون): <u>القنوات الفضائية وتأثيراتها على القيم الاجتماعية و الثقافية والسلوكية لدى الشباب الجزائري، دراسة ميدانية</u>، (عين مليلة: دار الهدى، د.ي).

13- عبد الفتاح عبد النبي: <u>تكنولوجيا الاتصال والثقافة</u>، (القاهرة: العربي للنشر و التوزيع، 1990).

14- غسان منير حمزة سنو، علي أحمد الطراح: <u>الهويات الوطنية والمجتمع العالمي والإعلام</u>، دراسات في إجراءات تشكل الهوية في ظل الهيمنة الإعلامية العالمية، (لبنان: دار النهضة العربية، ط2، 2002).

15- محمود علم الدين: <u>تكنولوجيا المعلومات والاتصال ومستقبل صناعة الصحافة</u>، (القاهرة: دار السحاب، ط1، 2005).

16- محمد عبد الحميد: <u>الاتصال و الإعلام على شبكة الانترنت</u>، (القاهرة: عالم الكتب للنشر والتوزيع، ط1، 2007).

17- إياد شاكر البكري: <u>تقنيات الاتصال بين زمنين</u>، (عمان: دار الشروق للنشر والتوزيع،2003).

18- بيوني إبراهيم حمادة: <u>دراسات في الإعلام وتكنولوجيا الاتصال</u>، (القاهرة: عالم الكتب للنشر والتوزيع، ط1، 2008)

19- شطاح محمد: <u>التليفزيون والطفل</u>، مجلة المعيار، (قسنطينة: جامعة الأمير عبد القادر، العدد7، ديسمبر، 2003).

20- ياس خضير البياتي: <u>الاتصال الدولي والعربي</u>، (عمان: دار الشروق للنشر و التوزيع، ط1، 2006).

21- عبد الرحمن عزي: دراسات في نظرية الاتصال، (بيروت: مركز دراسات الوحدة العربية، ط1، 2003).

22- Bouhbila, réception Tv pour satellite, technique de la parabole a la portée de tous (édition distribution houma, Alger,2000).

23- حسن عماد مكاوي: <u>تكنولوجيا الاتصال الحديثة في عصر المعلومات</u>، (القاهرة: الدار المصرية اللبنانية، ط1، د.ت).

24- عبد الباسط محمد عبد الوهاب: <u>استخدام تكنولوجيا الاتصال في الإنتاج الإذاعي والتليفزيوني</u>، (المكتب الجامعي الحديث، د.ب، 2008).

25- سعيد غريب النجار: <u>تكنولوجيا الصحافة في عصر التقنية الرقمية</u>، (القاهرة: الدار المصرية اللبنانية، 2003).

26- مي العبد الله: <u>الاتصال والديمقراطية</u>، (بيروت: دار النهضة العربية،2005).

27- حنان يوسف: <u>تكنولوجيا الاتصال ومجتمع المعلومات</u>، (القاهرة: مكتبة الساعي للنشر و التوزيع، 2006).

28- زكي حسين الوردي، جميل لازم المالكي: <u>المعلومات والمجتمع</u>، (عمان: مؤسسة الوراق للنشر والتوزيع، 2002).

29- انظر: زكي حسين الوردي، جميل لازم المالكي: <u>المعلومات و المجتمع</u>، (عمان: مؤسسة الوراق للنشر والتوزيع، 2002).

30- Patrice Flichy: Une Histoire de la Communication Moderne (Alger: édition, Gasba, 2000).

31- عبد المالك ردمان الدناني: <u>تطور تكنولوجيا الاتصال وعولمة المعلومات</u>، (الإسكندرية: المكتب الجامعي الحديث، 2008).

32- مجد هاشم الهاشمي: <u>الإعلام المعاصر و تقنياته الحديثة</u>، (عمان: دار المناهج للنشر والتوزيع، ط1، 2006).

33- محمد قيراط: <u>الفضائيات العربية بحث عن الذات أم تقليد الآخر</u>، جريدة البيان الإماراتية، العدد، 334، السنة السادسة، أكتوبر،1997.

34- أنور بن محمد رواس: <u>القنوات الفضائية العربية واقعها و مشكلاتها وآفاقها المستقبلية</u>، مجلة تلفزيون الخليج، عدد 57، ديسمبر، 1999.

35- محمد جاد أحمد: <u>الإعلام الفضائي و آثاره التربوية</u>، (الإسكندرية: العلم والإيمان للنشر والتوزيع، 2008).

36- رجاء أحمد آل بهيش: **سيمياء الخطاب الدعائي**، رسالة دكتوراه غير منشورة (جامعة بغداد: كلية الآداب،1998) .
37- Leonard Berkowtz: Aggression, A social psychological analysis (New york: Megran-Hill,1980).
38- إبراهيم إمام: **الإعلام الإذاعي والتلفزيوني**، (الكويت: دار الفكر العربي، ط2، 1995).
39- محمد كامل عبد الصمد: **التلفزيون بين الهدم و البناء**، (الإسكندرية: دار الدعوة للطبع والشر، ط2، 1999).
40- انظر، سعد لبيب: **برامج التلفزيون والتكنولوجيا الحديثة للاتصال في الوطن العربي**، في كتاب: الثورة التكنولوجية ووسائل الاتصال العربية، (تونس: العربية للتربية والثقافة والعلوم، 1991).
41- محمد أوبلقاسم أوجاجة: **عولمة الإعلام وتأثيره على اتجاهات وقيم الأطفال**، مجلة المعيار، (قسنطينة: جامعة الأمير عبد القادر، عدد07، ديسمبر،2003).
42-Hamid Moulana: La Circulation Internationale de l'information analyse et bilan, études et document d'information, N:99 Unesco).
43- إياد شاكر البكري: **تقنيات الاتصال بين زمنين**، (عمان: دار الشروق للنشر و التوزيع، 2003).
44- محمد عبد الحميد: **الاتصال والإعلام على شبكة الانترنت**، (القاهرة: عالم الكتب، ط1، 2007).
45- محمد لعقاب: **وسائل الإعلام والاتصالات الرقمية**، (الجزائر: دار هومة، ط1، 2007).
46- عبد الله بوجلال: **آثار التلفزيون على المشاهدين**، المجلة الجزائرية للاتصال، (الجزائر: معهد الإعلام والاتصال، ع2، 1999).
47- إبراهيم إمام: **الإعلام الإذاعي والتلفزيوني**، (القاهرة: دار الفكر العربي، دط، دت).
48- محمود علم الدين: **تكنولوجيا المعلومات وصناعة الاتصال الجماهيري**، (القاهرة: العربي للنشر والتوزيع، 1999).
49- Cristina Maina: De la Pressé Ecrite a la Presse Electronique (vers un Nouveau Média? (ADBS éditions: France, 1996)
50- عبد الله محمد عبد الرحمن: **سوسيولوجيا الاتصال والإعلام**، (الإسكندرية: دار المعرفة الجامعية، 2002).
51- إدريس أحمد علي: **تقنية الحاسب الآلي**، (بيروت: دار النهضة العربية،1997).
52- محمد سيد فهمي: **تكنولوجيا الاتصال في الخدمة الاجتماعية**، (القاهرة: دار المكتب الجامعي، 2006).
53- محمد عمر الحاجي: الانترنيت ايجابياته وسلبياته، (دمشق: دار المكتبي، ط1، 2002).
54- خليل صابات، جمال عبد العظيم: **وسائل الاتصال نشأتها و تطورها**، (القاهرة: مكتبة الانجلو مصرية، ط9، 2001).
55- مؤيد عبد الجبار الحديثي: **العولمة الإعلامية**، (الأردن: الأهلية للنشر و التوزيع، ط2002،1)
56- عبد الملك ردمان الدناني: **الوظيفة الإعلامية لشبكة الانترنات**، (القاهرة، دار الفجر، ط1).

57- مؤيد عبد الجبار الحديثي: **العولمة الإعلامية والأمن القومي العربي** (عمان:الأهلية للنشر، ط1، 2002).

58- خضير شعبان:**معجم المصطلحات الإعلامية**، (بيروت: دار اللسان العربي، دط).

59- محمد عبد الحميد: **الاتصال و الإعلام على شبكة الانترنيت**، (القاهرة، عالم الكتب ط1، 2007).

60- بسيوني إبراهيم حمادة: **دراسة في الإعلام والتكنولوجيا الاتصال**، (القاهرة: عالم الكتب 2008)، ص 122.

61- حسنين شفيق: **الإعلام التفاعلي**، (القاهرة: المعهد العالي للإعلام و الفنون، دط،2008).

62- أيمن منصور ندا: **الاختراق الثقافي عن طريق البث الوافد**، بحث مقدم إلى ندوة الاختراق الإعلامي للوطن العربي، (القاهرة: معهد البحوث والدراسات العربية، نوفمبر 1996).

63- محمد علي حوات: **العرب و العولمة**، (القاهرة: مكتبة مدبولي، ط2، 2004).

64- مجلة رسالة معهد الإدارة: (العربية السعودية) العدد، 3، 1996.

65- محمد عمر الحاجي: **الانترنيت ايجابياته و سلبياته**، (دمشق: دار المكتبي، ط1،2002).

66- محمد علي شمو: **الاتصال الدولي والتكنولوجيا الحديثة**، (الإسكندرية: مكتبة الإشعاع، ط1،2002).

67- خليل صابات: جمال عبد العظيم: **وسائل الاتصال نشأتها و تطورها**، (القاهرة: مكتبة الانجلو مصرية، ط9،2001).

68- أحمد عبدلي: **مستخدمو الانترنت**، (قسنطينة: جامعة الأمير عبد القادر، رسالة ماجستير،غ م، 2002-2003).

69- محمد لعقاب: **الانترنيت و عصر المعلومات**، (الجزائر، دار هومة، د ط، 1999).

70- N.ryd, Fin du Monopole sur le Téléphone, Inter Net et les Télécommunications: Le Privé entre en Ligne, Quotidien Liberté, № 2209, Mardi 10 Janvier 2000.

71- الجريدة الرسمية للجمهورية الجزائرية: 4 جمادى الأولى 1419هـ الموافق لـ 26 أوت 1998، العدد 63.

72- الجريدة الرسمية للجمهورية الجزائرية، المرسوم التنفيذي رقم (85-56) المؤرخ في 7 جوان 1984.

73- الجريدة الرسمية للجمهورية الجزائرية، رئاسة الحكومة، المرسوم التنفيذي رقم (2000-307)المؤرخ في 10 ديسمبر2000.

74- وثائق إدارية سلمت من طرف مصالح اللجنة بوزارة البريد والمواصلات عنوانها: توصيات لجنة الانترنيت، الجزائر 13 ديسمبر 2001.

75- الجريدة الرسمية للجمهورية الجزائرية: الصادرة بتاريخ 1998/08/25، العدد 63.

76- الجريدة الرسمية للجمهورية الجزائرية: الصادرة بتاريخ 2000/10/31، العدد 60.

77- الجريدة الرسمية للجمهورية الجزائرية: 27 ربيع الثاني 1426هـ الموافق لـ05 جوان 2005 العدد 39.

78- عاطف السيد: <u>**العولمة في ميزان الفكر**</u> (القاهرة: مطبعة الانتصار، د ط،2001).

79- مجلة الدعوة: (أسبوعية إسلامية شاملة) السعودية، العدد 1559، 1997.

80- غالب عرض النواسية: <u>**خدمات المستفيدين من المكتبات و مركز المعلومات**</u>، (عمان: دار الصفاء، د ط،2000).

81- ربحي مصطفى عليان: <u>**وسائل الاتصال وتكنولوجيا التعليم**</u>، (عمان: دار الصفا لنشر والتوزيع، 2003).

82- هبة أحمد شاهين: <u>**استخدامات الجمهور المصري للقنوات الفضائية العربية**</u> – رسالة دكتوراه غير منشورة، (جامعة القاهرة: كلية الإعلام، قسم الإذاعة و التلفزيون،2001).

83- حمزة بيت المال: <u>**تصفح على شبكة الانترنيت في المملكة العربية السعودية**</u>، بحث مقدم لندوة الإعلام السعودي – سمات الواقع واتجاهات المستقبل – المنتدى الإعلامي الأول، مارس 2003

84- نجوى عبد السلام فهمي: <u>**التفاعلية في الواقع الإخبارية العربية على شبكة الانترنيت**</u> مجلة بحوث الرأي العامة، ديسمبر2001.

85- محمود العمر : <u>**هل تفهم لغة الكتابة في الصحافة الالكترونية**</u>: مجلة العلم، العدد 309، جانفي 2003.

86- محمد فتحي عبد الهادي: <u>**الانترنيت وخدمات المعلومات**</u>، المجلة العربية للمعلومات، المجلد 22، العدد2، (تونس: المنظمة العربية للتربية والثقافة والفنون، 2001).

87- مجلة الدراسات المالية والمصرفية:(المعهد العربي لدراسات: عمان 1995).

88- محمد علي شمو: الاتصال الدولي التكنولوجيا الحديثة، (الاسكندرية: مكتبة الإشعاع، ط1، 2002).

89- فاروق سيد حسنين: <u>**الانترنيت شبكة المعلومات الدولية**</u>، (القاهرة: دار هلا للنشر، 2002)

90- شريف درويش اللبان: <u>**الصحافة الالكترونية**</u>، (القاهرة: الدار المصرية اللبنانية، 2005).

91- الانترنيت في المدارس العربية: مجلة انترنيت العالم العربي: العدد3، الإمارات، نوفمبر 1998.

92- مجلة الدعوة: (مجلة إسلامية جامعة)، المملكة العربية السعودية، العدد 1584، سنة 1994.

93- كمبرلي يونغ: <u>**الإدمان على الانترنيت**</u>، ترجمة هاني أحمد ثلجي،(بيروت: بيت الأفكار الدولية).

94- نبيل علي: الثقافة العربية وعصر المعلومات، (الكويت: عالم المعرفة، 2001).

95- فضيل دليو: <u>**مدخل إلى الاتصال الجماهيري**</u>، (قسنطينة: مخبر علم الاجتماع و الاتصال، جامعة منتوري، 2003).

96- عبد الباسط محمد عبد الوهاب: <u>**استخدام تكنولوجيا الاتصال في الإنتاج الإذاعي والتلفزيوني**</u>، (القاهرة: المكتب الجامعي الحديث، 2005).

97- سعيد الغريب النجار: <u>**تكنولوجيا الصحافة في عصر التقنية الرقمية**</u>، (القاهرة: الدار المصرية اللبنانية، 2002).

98- مجد هاشم الهاشمي: الإعلام الكوني وتكنولوجيا المستقبل، (عمان: دار المستقبل للنشر والتوزيع، 2001).

فهرس الكتاب